서사시

성웅 그리고 인간
충무공 리순신

Lee Sunseen

최두환 시집

부리출판사

대한민국 최초의 충무공 리순신 동상(윤효중 작)이며, 1952년 4월 13일에 진해 · 창원 · 마산 시민들의 성금으로 세워졌으며, 경남 진해 북원로터리에 있다.

서사시

성웅 그리고 인간

충무공 리순신
(Lee Sunseen)

최두환 시집

뿌리출판사

축하의 말

백락 최두환 시인이 회심의 역작《서사시 : 성웅 그리고 인간 충무공 리순신》을 상재하게 됨을 우선 진심으로 축하드린다.

사실 최 시인과 나는 같은 경남 출신이란 인연 이외에는 서로 아무런 연이 닿지 않지만, 문인으로서 더없이 가까워진 것은 서로가 "충무공"을 존경하면서 각자 연구나 글로써 지대한 관심을 가져왔다는 공통분모가 있었기 때문이다.

최 시인은 원래는 시인이기 전에 평생을 충무공 연구에 몸담아 온 학자이다. 이와 관련하여 많은 저서를 이미 낸 바 있어 이 분야에서는 타의 추종을 불허할 정도로 독자적 명망을 얻고 있다.

나의 경우는 충무공의 『난중일기』에 감동되어 문인으로서 특히 공의 "백의종군" 시절에 관해 여러 편의 수필을 쓴 경험이 있다. 바로 이런 이심전심의 공유가 우리를 더욱 가깝게 한 계기였다.

그런데 이런 화려한 전력의 최 시인이 이번에 그간에 연구해 온 성과와 자료를 바탕으로 하여 충무공의 일대기를 담은 웅장한 대서사시를 한 권의 책으로 묶어낸 일은 우리 문단으로 봐서 여간 경사스러운 일이 아닐 뿐더러, 더 나아가 우리 문단인들에게도 많은 자극제가 되리라 본다.

물론 우리 문단에서 "충무공"을 소재로 한 '서사시' '서정시'가 전혀 없었던 것은 아니다. 그것들은 한 권의 시집으로서가 아니라, 단편의 개별 작품들에 불과했으며, 또 내용도 오로지 '시인'의 눈으로만 본 일방통행이어서, 실체보다는 수증기 같은 아우라

(aura)에 가려 공소한 면이 없지 않았다.

그러나 이번 최 시인의 이 시집은 역사와 리더십에 관한 탄탄한 학문적 바탕 위에다 시인의 감수성과 상상력을 최대로 발휘하여 빚어놓았기에 무엇보다도 문학과 학문의 알찬 내용을 동시에 섭취할 수 있어 그 뜻이 매우 크고 높다 하겠다.

익히 알려져 있는 바와 같이, 최 시인은 일찍이 군인이었고, 현재는 리더십을 전공한 경영학자인 동시에 역사학을 전공한 역사학자이기도 하다. 50여 년을 평론가로서 글을 써온 나의 입장에서 보니, 이런 여러 경험의 장점들이 이 시집 속에 적절히 용해되어 있는 만큼 성공한 작품이란 평가를 받기에는 가히 부족함이 없으리라 본다.

그리고 이 시집은 과거 역사의 문학적 접근이나 재생을 떠나서 무엇보다도 이 시대가 필요한 인물상은 과연 어떠해야 하며, 또 바람직한 지도자상은 과연 어떠해야 하는지를 반성적으로 생각해 볼 수 있는 계기를 제공하고도 있다.

끝으로 앞으로도 끊임없는 정진과 함께 이번처럼 새로운 도전 같은 시작 활동을 계속 펼쳐 한국문학 발전에 크게 이바지해 주길 빌어마지 않는다.

2010년 8월 18일

평론가, 한국문학비평가협회 상임고문

青多 李洧植

어느 시인의 편지

존경하옵는 충무공께 이 글을 드립니다.

나는 아직도 당신을 알고 싶고, 나의 젊은 시절을 바다에서 살면서 당신의 지나온 길을 밟으며 당신처럼 살려고 노력했습니다.

먼저 이름 "李舜臣"을 다들 "이순신"이라지만, 늘 "유성룡"이라 했던 이름이 이제는 [류성룡]으로도 잘 통하듯이, [리순신]이 옳고, 바르고, 맞잖아요! 이 시점에서 "두음법칙"을 아예 폐지할 것을 주장합니다. 《훈민정음》의 깊은 뜻을 그대로 이어가기를 바랍니다.

누구나 "Lee"를 쓰면서 왜 "Yi Sun-Sin"이라 하며 "이[彛]"로도 오해받게 할까요? 또 이름에 "죄(sin)"를 쓰기보다, 나는 로마자로 "Lee Sunseen"으로 불러왔습니다. "태양처럼 존경받는" 뜻이 담겨있는 글로 볼 수 있기 때문입니다.

잘못된 이름으로 우리의 바람직한 리더, 지도자로 자리매김할 수는 없습니다. 일제에 의해 억지로 씌운 굴레에서 벗어나야겠습니다.

이제까지 충무공에 대해 많은 이야기를 해왔으며, 충무공에 대해 역사적 문헌이 많이 나와 있고, 문학에서도 소설로, 기행문으로도 많이 나왔으며, 서사시로도 몇 편이 나와 있습니다.

나는 늘 이성적 사고를 통하여 사물을 논리적으로 따지고 분석하며, 구체적 체계를 연구하였습니다. 이것이 과학이고 학문이지요.

시인은 정신능력, 상상력에 의해 사물을 감성적으로 수용하며, 추상적 세계를 종합하여 창조합니다. 이것이 문학이고 예술이지요.

나는 여기에 도전하여 학문과 문학을 넘나드는 시인이 되어, 시와 과학이 대립되는 이성과 감성의 공간을 이어주고 싶습니다.

오로지 문학을 전공한 시인이 시적 상상력을 최소화한 서사시보다는 학문(scientia), 특히 역사를 전공한 시인의 머리로 '충무공'을 읊고, 리더십을 전공한 시인의 새로운 눈으로 '충무공'을 읊은 것이 감성의 자극과 더불어 지식확대에도 크게 기여하리라 생각합니다.

그 동안에 『난중일기』(전서본/초서본)를 완역하였고, 역사가로서 『전설을 낳은 사람 영웅 리순신』과 『충무공 리순신』을, 경영학사로서는 『리더십의 발견 충무공 리순신의 휫손』과 『충무공 명언집 : 죽고자 하면 살리라』를, 역사와 경영학을 겸한 학자로서 『충무공 리순신 전집』(1질6책)과 『충무공 리순신, 대한민국에 告함-미래지도자를 위한 李舜臣의 전략』을 펴냈는데, 이번에는 평생의 꿈을 이루고자 용기를 내어 시인으로서 조선을 국난에서 건져낸 한 인간의 영웅적 역할을 동시에 다룬 서사시 『충무공 리순신』을 에피니키움(Epinicium), 즉 **'승리의 노래'**로 펴내봤습니다.

리순신은 우리의 자랑이요, 세계의 자랑입니다. 러시아의 발틱 함대를 대마도 해전에서 쳐부수어 일약 일본의 국민적 영웅으로 숭상받았던 도고 헤이하치로(東鄕平八郎)가 가장 존경한 사람이 영국의 넬슨을 넘어 우리 한국의 리순신이었답니다. 백범 김구가 존경한 인물 또한 리순신이었다고 하지요. 해공 신익희도요.

한 평생에서 22년간의 공직 생활, 그 가운데서 7년간의 왜란, 이 광란의 소용돌이 속에서도 파직 · 구속 · 고문 · 백의종군, 수군 폐지 명령, 어머니의 죽음, 아들의 죽음, 아내의 위독, 자신의 건강 악화 등 불운의 연속에서 한없이 연약한 한 인간이었지만 오뚝이처럼 굳건히 일어섰습니다. 승리하였습니다. 나라를 구했습니다. 과연 리순신은 우리나라의 태양이요, 구국의 영웅이요, 성웅이십니다.

실로 충무공 리순신이 남긴 업적에 존경심을 듬뿍 보내며, 우리는 그 길을 따라 가고자, 해군의 요람인 진해에 충무공정신수련원을 창설하였고, 이제는 충무공리더십센터로 이름을 거듭 고쳤습니다.

충무공 정신을 말로만 외우기보다는, '구슬이 서 말이라도 꿰어야 보배' 란 말처럼, 몸소 실천에 옮겨야 하겠기에, 평소에 그가 생각하고 살아가면서 무엇을 어떻게 했는지를 이 『서사시 : 성웅 그리고 인간 충무공 리순신』으로서 충무공과 더욱 가까이에서 살고자 합니다.

이 글이 탈고될 때까지 소리내어 읽으며 격려해준 아내 석태옥에게 감사하며, 아들 성혁도 충무공처럼 바다를 사랑하며, 이 나라를 사랑하고, 이 나라를 위해 일할 것을 믿어 의심치 않습니다.

끝으로 어려운 시기임에도 출판해주신 뿌리출판사 윤현호 사장과 관계관 여러분께 진심으로 감사드립니다.

2010년 7월 22일 바다가 훤한 진해 구산성지에서

白樂 최 두 환 올림

[혼일강리력대국도지도]

차 례

서시, 리순신 충무공

조선의 영웅은
모름지기 그로부터 빛났다.
나라가 끝내
빼앗기지 않았기 때문이지.

나라사랑도 실로
그로부터 비롯되었다.
나라가 앗기는 즈음에서도
그를 찾았기 때문이지.

누구도 그에게 맞서며
태양을 가릴 수는 없었다.
내일도 나에게 흐르고 있을
송송 방울 밴 그의 피땀과 눈물.

시위를 당겨보랴
오스스 떨리는 여울에서도
힘부친 썰물에 안겨서라도
천행(天幸) 외칠 효시(嚆矢)를 놓으련만.

오늘 리순신을 보았다.
강회희(江淮戲)* 전설의 뱃길 위에
별박이 초요기(招搖旗)** 끄트머리
팔락팔락
하늘 바다에 서다.

* 강소성 지역의 전통 극〔淮海劇/淮劇/淮揚戲〕 이름; 강회 :『李忠武公全書』卷首 "蔽遮江淮 惟卿是倚"〔장강과 회하를 가로막음은 오직 그대에게 믿었노라〕

** 전쟁터에서 지휘관이 예하 장수를 호출할 때 쓰는 깃발.

[소년시절 - 병정놀이]

제1장

청소년 시절, 꿈은 이루어진다

1. 하늘의 선물, 리순신의 탄생

고금을 통하여
재앙과 난리가 있을 때
반드시 난리를 평정시킬 사람을
하늘이 탄생시킨다!

하늘이 우리나라를 시련하면서도
구원의 큰손을 쑥 내밀어 주었으니
뒷날 환란을 감당해낼 여해[1] 리순신의 나심이라.

세상에 병이 있으면 약도 있는 법
7년의 임진왜란 그 큰 환란 속에서
이 나라와 이 겨레를 구할 이를 몰래 내셨음이라.

동방에 예의의 군자 나라가 있었으니 조선이라
흰옷을 즐겨 입으며 겸손하고 삼가는 풍습이 있고,

---

1) 여해(汝諧) : 리순신의 字. 본디 순(舜)임금이 신하들에게 관직을 줄 때에 "兪! 往哉汝諧〔좋다! 가서 서로 협력하여 일하라〕"고 했고, 우(禹)임금에게 자리를 물려줄 때에 "毋! 惟汝諧〔사양치 말라! 오직 그대만이 화목하게 할 수 있다〕"고 한 말에서 찾을 수 있다. "조화와 화목과 협력으로 정치를 펴라!"는 뜻이다.

산이 높고 물이 맑아 출중한 인물이 많이 나왔더라.

한성 마르내골[乾川洞] 가난한 마을에
인종 원년 3월 초8일 자시에 우주를 깨우는 소리 있어
자신의 시련과 고난을 통해 구원될 나라가 있으리로다.

정치가 혼란한 때에는 시골에서 영웅이 나고,
정치가 안정된 뒤에는 서울에서 인물이 난다는
세상 사람들의 말을 누가 믿으랴. 그가 그인 줄을.

그대의 자질은 이미 산서(山西)의 용맹을 타고났고
기이한 병법은 제주 북쪽 황석공에게서 받았으니,[2]
누가 당하랴! 그대를.

2) 『李忠武公全書』 卷首 策宣武元勳 教書 "卿稟猋勇於山西 傳異書於濟北"

2. 되는 집안에는 무슨 일이

조상의 음덕은 후손에게 반드시 미친다.
악덕을 짓지 말란 훈계가 이 때문이라.
일찍부터 충성 강직 공명정대를 가풍으로 삼았다.

리거(李琚)는 동궁 연산군의 스승이었고,
대간(臺諫)으로서 탄핵함이 곧고 엄정하여
별명을 호랑이 장령(掌令)[3] 이라 불렀다.

리백록(李百祿)은 더없이 깨끗한 선비였으나
기묘사화의 낚시에 걸려 큰 고난을 겪었으니
그 처세는 귀거래사[4] 에서나 알아 볼일이다.

리정(李貞)은 평민으로 살리라는 굳은 뜻이
집안 살림을 농사에 기대어 땅의 진실을 보았지.
가난했지만 마침내 음덕이 이 때에 미동하였더라.

---

3) 장령 : 사헌부의 정4품 벼슬.
4) 귀거래사(歸去來辭) : 진(晋)나라 도연명(陶淵明)이 벼슬을 버리고 시골로 돌아가 전원생활의 즐거움을 읊은시.

초계 변씨(卞氏)는 희신 요신 순신 우신을 낳았더라.
하늘의 점지는 일찍부터 예고된 대로 일어났으나
이를 알아본 사람은 아무도 없었더라. 그가 그인 줄을.

조상의 음덕은 후손에게 반드시 미친다.
지금 너의 하는 일이 너의 후손에게 미친다.
악덕을 짓지 말라! 말이 씨가 된다.
반드시 덕을 쌓아라! 복을 지어라!

3. 리순신의 가계는 이러하니

태호복희씨의 아들 소전(少典) 진위(震位)
소전의 아들 염제신농씨 황제헌원씨 딸 녀화(女華)
염제신농씨로부터 오랜 대를 이어오며
환인(桓因)이 삼위태백을 눈여겨보았더니
환웅(桓雄)이 천부인과 무리 삼천을 거느리고
태백산 신단수 아래에서 신시(神市)를 열었더라.
그 아들 단군왕검(檀君王儉)의 후손이요,
은나라 주왕(紂王) 그 조카의 핍박에 못 이겨
동쪽으로 옮겨와 평화를 지킨 서여 기자(箕子)의 자손이라.

목조(穆祖) 익조(翼祖) 도조(度祖) 환조(桓祖) 태조(太祖)는
대를 이어서 나하추의 무리와 함께 타타르[韃靼洞]
덕산동(德山洞)을 누비며 주르친[女眞]을 다독거리며,
해동룩룡(海東六龍)이 날으시어 조선을 개국하였으니,
충무 여해 리순신의 족보는 이러하다.

덕수 리(李)씨 돈수(敦守)는 양준(陽俊)을 낳고
양준은 소(劭)를 낳고
소는 윤온(允薀) 윤번(允蕃)을 낳고
윤번은 현(玄)을 낳고

현은 공진(公晉)을 낳고
공진은 변(邊)을 낳고
변은 효조(孝祖) 효종(孝宗)을 낳고
효조는 거(琚)를 낳고
거는 백복(百福) 백록(百祿) 백령(百齡)을 낳고
백록은 정(貞) 현(賢) 귀(貴)를 낳더라.

어머니 초계 변씨의 꿈에
조부 참판공이 현몽하셨다.
이 아이가 반드시 귀하게 될 것이니
이름을 순신(舜臣)이라 하여라!

4. 이사, 아산 배암골로

벼슬 없는 서울 생활은 입에 풀칠도 어려워라.
아주(牙州) 배암골[白岩里] 어머니 고향으로 옮겨가서
정든 고향만큼이나 정을 키우고 정을 나누었더라.

뭇 아이들과 더불어 놀면서 키운 꿈도 많았지
마냥 즐겼던 전쟁놀이는 대장되어 호령했고
어깨에 맨 활 화살에서 호연지기 꿈틀대었노라.

두 형과 함께 배웠던 유학(儒學)도 부질없는 일이라
성공에는 뛰어난 재주로 성공의 길을 찾아가야 하는 법
생각하고 생각한 끝에 무예를 배웠노라. 때늦은 22살에.

'장수될 재질을 가진 사람' 이라 누가 추천했던가.
어린 시절 같은 동네에서 전쟁놀이했던 류성룡.
어려움에 아껴 주었던 이심전심의 친구였더라.

무덤 앞의 넘어진 돌사람[石人] 어찌 세울꼬?
힘센 하인 10명도 쩔쩔 매며 꼼짝 못하는데
두루마기 입은 채 혼자서 일으켜 세웠다, 등으로 밀어.

힘은 꾀로써 부리는 마술이다.

5. 내가 가야 할 길 : 무인

그까짓 붓이야 던져 버려라.
내가 가야 할 길로 가리라.
갈 수 없는 길에서 방황하기보다
가거라! 조금이라도 열려 있는 그 길로.
가거라! 조금이라도 더 가치 있는 그 길로.
지금 가야 한다면 바로 그 길로 가리라!

만약에 나의 가는 길이 조국을 위한다면
나를 위하는 큰 길이 되리니, 가리라!
아! 무인의 길이 열려 있구나.
이 길은 국운을 바로잡을 수가 있고,
이 길은 구국제민을 할 수 있겠구나.
그래, 가리라! 나는 이 길로.

지금 내가 가는 이 길은
내가 가야 하는 길이요,
내가 가고 싶어 가는 길이다.
아무리 어렵고 힘든 길일지라도
이 길이 우리가 사는 길이기에
내가 가야만 하는 길이다.

누가 무사 군인을 천시하는가.
가장 무시당하는 것이 가장 가치 있음을.
가장 낮은데 있는 것이 가장 가치 있음을.
아무도 홍패(紅牌)니 꽃과 술을 주지 않아도
아무도 일산(日傘)도 깃발도 내려주지 않아도
그 가치를 내가 빛내주리라.

[청년시절 - 첫 무과시험에서 말에서 떨어지다]

학문에 소홀했던 때문에 홀대받음이여.
사서삼경(四書三經)보다 무경칠서(武經七書)로 이기리라.
두고두고 보자. 그때에는 말하리라.
나의 길이 반드시 갈 길이었다고.
그 길이 가야 했던 그 길이었다고.
선택한 그 길이 올바른 길이었다고.

천하가 아무리 태평할지라도
전쟁을 잊으면 망하게 되고,
백년에 한번 쓰이지 않을지라도
군대를 키우지 않으면 망하게 된다.

전쟁을 일으켜서도 안 되지만,
군대를 없애거나 업신여겨도 안 된다.
평화를 원하거든 전쟁을 막아야 한다.
그래서 군대는 최강의 군대여야 한다.

6. 불합격, 관문의 시련

무인의 꿈을 품어 지낸 6년의 세월
별자리만큼이나 자라온 28살 가을 마침내
훈련원의 별과(別科)시험에 도전하는 순간이 왔다.

말을 달리자! 과녁에 화살을 맞추자!
말은 거꾸러지고, 함께 쓰러져 몸은 만신창이
아! 왼쪽 다리 골절이다. 일어나라! 일어나라!

오른발이여, 뛰어가라! 껑충껑충 깡총깡총.
마당가에 서 있는 버들가지를 꺾어 상처를 싸매고
아무 일도 없었던 양 시험장 밖으로 나왔다.

놀라워라!
서투른 말타기 다시 익히고 활쏘는 기술 다시 익히며,
강한 집념만큼 피나는 노력은 또 4년이 흘렀네.

청자 백자가 가마에서 그냥 빚어지는가?
짓밟고 짓이겨지고 다져지고 두들겨지고
뜨겁게 아주 뜨겁게 달구어진 땀이 만든 것.

나이 32살에 무과 시험을 어찌하랴.
도전이다. 합격이다!
실기시험에 목전 철전 편전[5] 기사 기창[6] 격구[7].
필기시험에 사서오경(四書五經) 무경칠서(武經七書)
육서(六書) 가운데 한 과목씩.

논어 맹자 중용 대학, 시경 서경 주역 예기 춘추,
손자병법 오자병법 사마법 육도 삼략 울료자 리위공문대,
자치통감 병요(兵要) 장감(將鑑) 박의(博議) 무경 소학.

---

5) 목전(木箭) : 박두전 · 목박두전이라고도 함. 살촉이 나무이며, 끝이 뭉퉁하고 깃은 좁으며, 살대 길이는 3자4치에서 4자까지 다양하다. 쏘는 거리는 240보이다.
철전(鐵箭) : 살촉은 쇠이며, 끝은 둥글고 깃은 좁으며, 살대 길이는 목전과 같다. 쏘는 거리는 80~180보이다.
편전(片箭) : 살대 길이가 1자2치, 무게 7~8돈이며, 통아(筒兒)를 보조도구로 사용하여 쏘는데, 거리는 130보이다.
장전(長箭) : 살대 길이는 3자5치 정도이며, 무게는 1냥이며, 쏘는 거리는 120보이다.
6) 기사(騎射) : 말타고 달리면서 활쏘는 것이다. 과녁 거리는 50~180보.
기창(騎槍) : 말타고 싸우는 기병(騎兵)이 가지는 긴창.
7) 격구(擊毬) : 말을 타고 공을 치는 무사들의 놀이.

장량이 적송자와 놀았다 하니, 죽지 않았겠는가?
삶이 있으면 반드시 죽음이 있는 법이지요,
통감강목 혜제(惠帝) 6년 임자[8]에 장량이 죽었으니,
신선인들 죽지 않았을 리 있으리오.

아, 놀라워라!
적송자도, 장량까지도 다 아는 무인이 있다니.
류비 항우 장량! 파촉과 한(韓) 땅에서 놀았던 일까지도.

나는 하늘에 맹세하노라.
나라에서 나를 부른다면,
대장부로서 목숨 바쳐 충성할 것이요;
나를 부르지 않는다면,
그저 농사지으며 떳떳하게 살리라.[9]

8) 기원전 189년
9) 원문 : 丈夫出世 用則效死以忠 不用則耕野足矣.

7. 첫 벼슬, 난관의 시작

본디부터 충용하고 강직함이여.
아첨과 아부 모르는 젊음이여!
대단는 발걸음, 동구비보와의 만남이여!

하늘메[波奈留山 天山] 산간벽지
세 강이 합류하는 삼수 고을
최천사동수(崔天巳洞水)가 백두산
마죽동(馬竹洞)에서 나오고,
하나는 허천강(虛川江)이 장백산
서북보(西北堡)에서 나오고,
또 하나는 어면강(魚面江)이 황초령
부전령(赴戰嶺)에서 나와
산굽이 강굽이 굽이굽이의 구비로다.

함경도 관찰사의 리후백(李後白)의 활쏘기 시합
엄정한 기강이 서 있어 나무랄 데 없는 동구비보
호랑이 감사마저 벌보다는 칭찬이 넘쳐났더라.

사또의 형벌은 너무 엄합니다.
변방 장수들이 손발 둘 곳을 모르고 있습니다.

충성심은 상관의 잘못을 느끼도록 고쳐주는 인격.

아래 있는 자를 까닭 없이 월천(越薦)시키면
당연히 승진되어야 할 서열에 있는 사람이
천거되지 못할 것이니, 이건 공평하지 못한 처사이외다.

[초급 무관시절 - 녹둔도 전투]

6품계나 높은 상관의 부탁을 거절하는 용기,
정의라면 아무리 사소해도 실천하는 용기,
뒷날에 날아올 환란이 오늘의 시비 때문일 줄이야.

8. 발포만호, 수군으로 가는 첫걸음

신나는 날에는 발포(鉢浦)로 오세요.
고흥(高興)! 이름이 그렇잖아요? 까오싱!
청포도 익어가는 7월에 만호로 갔소이다.

나를 시험에 들게 하지 마소서!
기도하는 마음은 이미 시험에 들어갔네.
손에 든 어려운 전략서 끼고 앉아 윽박질러대는 나리님!

이게 뭐야? 이건 뭐여? 이건 뭐지?
이보게! 다시 진을 치는 도형을 그려봐!
그래요. 요긴 어디고, 조긴 어디랍니다.

그래, 자상도 하이. 내가 잘못하였네.
손목을 덥석 잡고 감탄하는 목소리는 떨리었지.
일찍이 그대를 바로 알지 못했던 것이 후회스럽소!

직속상관 전라좌수사 성박이 보낸 심부름꾼의 말
발포만호여! 저 관사 뜰에 우뚝 서 있는
오동나무를 찍어다 보내시오. 거문고를 만들겠노라!

아니 됩니다.
이 관사 뜰에 선 오동나무는 나 개인의 물건이 아니죠,
나라의 물건을 수군절도사라 해서 사사로이 쓸 수 없죠.
저 같이 오래된 나무를 하루아침에 베어서도 아니 되오.

구관이 명관이라. 신임 수군절도사 리용
군대를 점검한다는 명분을 내세운 불시점검
군기 엉망, 업무 태만, 전비태세 불량이라 보고하더이다.

다른 네 곳의 부대는 아무 말도 없더니,
발포에 비상소집 불응자 3명뿐임을 문제 삼다니
그럼 죄주소서.
다른 고을의 불응자를 나는 알고 있는데….

아! 그날이 왔다.
지난날 날선 언쟁이 있었넌 그 사람
한성 훈련원 시절에 상관 서익(徐益)이 내려왔다.
군기를 검사하는 직무로 발포에 와서는
파면시켰다, 까짓것 리순신쯤이야.

9. 정직, 핵심가치의 뿌리

거처하는 방에 늘비한 옷과 이부자리
다른 장식물이 없는 아늑한 작은 공간
해미(海美)에서는 청렴한 살림의 대명사로 되었다.

휴가는 전쟁 때에도 가는 권리만큼이나
늘상 타가던 양식도 남은 것을 반납하면서
사소한 개인이익을 송두리째 뽑아야 하느니.

큰 배 한 척을 만들어내어 거기다 가득
혼숫감을 실어 보내야 되는 세상에서는
어찌 하오리까? 한 홉들이 그 쌀과 보리쯤이야.

세상이 비웃는 뇌물을 바쳐야 되는 세상을
등지듯 입만 벌리고 살 수 없는 세상을
버티며 가로막아 더러운 세파를 거슬러 오르네.

그래도 사람들은 모함까지 해대며
저들끼리는 의리라 하네.

10. 참모의 조건

정의심과 청렴결백이
나라와 겨레를 위해 불평 불만을 잠재우다.
오직 적을 격멸하고 승리를 획득하겠다는 일념
그 이외에는 아무 것도 존재할 수가 없다.

어떤 사람이 어떤 지리에 오든지,
그 사람이 어떤 짓을 하든지
오로지 정의롭고 빈틈없는 임무수행만이 있을 따름.

충성은 상관의 잘못을 바로잡아 주는 일이지
절대 복종하여 잘못인 줄을 모르고 구렁텅이에 빠지면
자신도 망치고 상관도 망치고 나라도 망치는 법이다.

효성은 부모의 잘못을 바로잡아 주는 것이지
이부자리 아침저녁 밥상의 봉양하는 것으로만 알면
부모도 사람이라 잘못에 순종하면 온 집안 개망신이지.

아닌 것을 아니라 하고, 옳은 것을 옳다고 하라.
반드시 해야 할 일이라면 밤잠을 잊고서도
반드시 시간에 맞추어 대안을 마련해야 한다.

[거북함 건조하다]

제2장

극복, 그 시련의 반복

11. 다시 북쪽 변방으로

그 낡은 화살통!
내게 줄 수 없겠니?

이까짓 화살통이야 어렵지 않습니다.
세상 사람들이 수군대지 않을까요? 이것 때문에.
만일 이로 말미암아 더러운 이름을 얻는다면
그 얼마나 민망스러운 일이겠습니까!

그래, 그렇지.
그대 말이 옳다.[10)]

무인들에게 화살통은 제2의 생명이니
매우 소중하며 없어서는 안 될 것이고,
그 때문에 뇌물을 바치는 도구로도 악용도 되었지.

단순한 화살통 그 속에 다른 귀중품을 넣으면
아! 화려한 인생의 서막이 서글픈 종막으로 되기도 하지요.

---

10) 리순신이 훈련원 봉사로 복직이 되었을 때, 병조판서 류전(柳琠 : 1531~1589)이 평소부터 리순신이 좋은 화살통을 가지고 있다는 말을 듣고, 직접 리순신을 불러 그 화살통을 자기에게 달라고 요청했던 것이다.

그래, 그래. 그대 말이 옳다.

한 번 만나보자!
나와 율곡은 같은 문중이라 만나 보는 것도 좋지.
아녀라! 그가 병조판서 자리에 있는 동안에는 아니 되지.

나이 39살에 남병사(南兵使)의 군관으로 떠남도,
지난날 전라좌수사 시절에 그가 벌주려고 했는데,
이제는 자기 휘하의 군관으로 쓰려 특청을 하였다네.

12. 건원보, 오랑캐를 생포

경원(慶源)에서 40리쯤 건원보(乾原堡)의 권관[11)]
두만강 건너편 만주 혼춘현(琿春縣)이 보이고,
일천 미터의 증산(甑山) 송진산(宋眞山)이 뻗었네.

오비강 이르티슈강 이심강이 북쪽으로 흐르고,
예니세이강 오카강 앙가라강이 북쪽으로 흐르고,
신라 북쪽에 있던 사막의 그 북쪽에 해가 지고 나서
양고기[羊胛]를 삶기 시작하여 고기가 익을 때쯤이면
벌써 해가 떠오르는 백야(白夜)의 땅.

오로라(Aurora), 그 극광(極光)의 현장
부여 숙신 읍루 물길 말갈 주르친[女眞]들이 살던 터
고려 윤관(尹瓘) 장군이 용감히 격퇴시킨 곳이라.
늠름한 기상 휘날리며 벌판을 말달려 나간다.

옛날에 공주(公州) 광주(匡州)라 불리오던 곳
조선 태조 리성계의 조상이 대대로 살던 타타르[韃靼洞]
목조(穆祖)의 터전에 덕릉(德陵) 안릉(安陵)을 옮겨와

---

11) 권관(權官) : 각 진에 있던 종9품의 무관의 참모 벼슬.

언제나 경사스러워라! 경흥(慶興)이라 고쳐 부른 이름이여.

오랑캐들 니탕개 울지내 등등이 자주 침략하니
조정의 걱정은 늘어가고 애쓴 보람은 보이질 않고
리순신이 그 오랑캐 두목들을 소탕하여 성공하였다.

싸움은 힘보다는 빈틈없는 꾀를 써야지.
울지내를 유인하여 오랑캐들을 데려오게 해놓고,
리순신은 복병을 풀어 그들을 몽땅 사로잡았다.

전투라는 것은 그때그때 상황에 따라
대병력을 투입할 수도 있는 것이고,
때로는 기습작전으로 적의 기도를 분쇄할 수도 있고
유인작전으로 적에게 타격을 줄 수도 있는 것이렸다.

13. 부친 사망, 하늘 무너지다

건원보에서 오랑캐 괴수들을 생포하던 날
가난한 농부였던 부친이 세상을 떠나셨어도
50일이 지나서 이듬해 갑신(甲申)년 정월에 들은 부음.

부친 상중에 공교롭게도 율곡도 세상을 떠나니,
같은 성씨기에 짐짓 만나보지 않겠다던 고집이
이렇게 한층 더 허전한 마음을 힘들게 하구나.

때도 없이 오랑캐들이 준동하며 날뛰자,
오랑캐에는 리순신이 제격이란 조정의 공통된 의견도
소상 대상이 언제냐 거듭 묻는 사정을 어찌 모르랴.

봄 정월에 탈상하자 사복시의 주부가 되어
궁중의 수레와 말에 관한 일을 맡아보는데
보름만에 다시 경흥 조산보 만호로 전근되다.

1급 귀양지 같은 조산보 만호로 추천한 이 누구더뇨.
그 뒷날에 전라좌수사로 추천했던 이는 누구더뇨.
국방의 임무라면 요즘처럼 손가락을 잘라서라도
무릎 관절을 다치게 해서라도

어깨뼈를 다치게 해서라도
군대라면 쏙 빠지고 싶어 하는 사내들도 있는데
힘들다는 곳에 가서 일부러 고생시키려는지
류성룡은 적임자라고 리순신을 추천하였다.

조산보 만호로서 녹둔도 둔전관을 겸하는데,
오랑캐의 기습으로 전투를 치르기도 하지만,
또 한번 인생행로의 쓴잔을 맛보기도 했다.

괴수 갑청아(甲靑阿) 사송아(沙送阿) 등이 떼거리로
쳐들어와 농장의 목책을 에워싸고 공격해왔다.
사방의 짙은 안개가 지척의 암흑보다 어둡다.

병졸들은 벼를 거두고 울짱 안의 수비는 겨우 여나무 명
안개 속에서 불쑥 나온 도적의 공격에서 피해입었다.
분연히 나서서 오랑캐들을 모두 거꾸러뜨렸다.

오랑캐 떼들은 크게 놀라 달아나자,
리순신은 리운룡 리경록 등과 함께 그 뒤를 쫓아
사로잡혀 가던 백성 60명 남짓을 구하여 돌아왔다.

14. 녹둔도 둔전관, 백의종군의 첫 경험

녹둔도에 오랑캐 몰래 기습해왔다.
약간의 피해를 입었지만,[12] 성과도 없지 않았다.
문제는 그 피해에 대한 책임이 누구에게냐 이다.

북병사 리일(李鎰)은 리순신의 건의를 거부해 놓고
이제 제 잘못으로 책임 추궁받게 될까 염려하여
리순신을 구속하고, 심한 형벌을 주어 자신의 잘못을
모두 리순신에게 덮어씌우려 했던 음모였다.

리일의 군관 선거이(宣居怡)는 모든 음모를 알고 있어,
병영에 호출된 외톨이 리순신을 불쌍히 여겨
진실을 알려주려고 잡은 그의 손은 너무도 따뜻했다.

술이나 한잔하시고 들어가는 것이 좋겠소!
죽고 사는 것은 천명인데, 술은 마셔서 무엇 하겠소!
그럼 술은 마시지 않더라도 물이나 마시고 들어가오.
목이 마르지 않은데 물은 무엇 때문에 마시겠소!

12) 둔전감관 리경번(李景藩) 등 10명 남짓이 전사하고, 106명이 포로됨.

모든 것을 내려놓고, 모든 것을 벗어놓고 보면
두려움도 외로움도 바람처럼 스쳐가 버리나보다.
병마사의 성난 목소리가 귓전에서 벽력같다.

저가 수비하는 병력이 약하기 때문에,
여러 번 군사를 증원해 주기를 청했으나,
병마사가 허락하지 않았지요?
그 공문의 원본이 여기에 있습니다.

더 큰 소리로 저를 꾸짖어보세요.
조정에서 만일 이것을 알면,
그 죄가 나에게 있지 않을 것이며,
또 저가 힘껏 싸워서 적을 물리치고
추격하여 사로잡혀 가던 많은 백성들을
도로 구해 왔으니, 이것을 패전이라고
저에게 호통치며 따져야 옳단 말입니까?

저 놈을, 저 놈을 옥에 가두라!
북병사 리일은 자기에게 유리한 작전보고서를
마음대로 작성하여 조정에다 올렸다.

보고서를 접수한 조정에서는 처음부터
진실과 거짓을 가름할 능력을 갖지 않았다.
그 보고서 때문에 어정쩡한 판결이 내려졌지만
정작 당사자에게는 명예회복의 길이 사라졌다.

리순신은 패전한 사람으로 볼 수 없으니,
백의종군하여 공을 세우도록 하라!
아! 이렇게 하여 죄인 아닌 죄인이 되는구나.
지난날 목숨과 바꾸는 용전분투가 백의종군으로 바뀌었다.

상관은 존중되어야 한다.
부하도 그만큼 존중되어야 한다.
모함의 거짓이 밝혀지지 않으면
지도자가 존중되어야 할 아무런 까닭이 없다.

겨울은 혹독하다. 두만강 휘돌아 건너편
시전부락(時錢部落)의 오랑캐들을 물리쳐내자,
혁혁한 전공을 세웠다며 특사(特赦)되었으니,
아! 그 백의종군의 겨울을 벗어났다.

15. 정읍 현감, 목민관이란 섬기는 리더십

변방은 중앙에서 거리로도 머나멀고
연락하는 소통의 공간으로도 동떨어져
온갖 쓰라린 고비를 다 겪어도 그 누가 알아주랴.

벼슬을 떠나 한가한 나날의 고향은
조선이 가만두지 않았다, 인재(人材)를.
가두어놓은 빛이 구멍으로 어둠을 밝히듯이.

묻지도 않고, 따지지도 않고, 쓸만하면 뽑아서 쓰는 것.
불차탁용의 탁발책으로 무인들을 등용시키는데,
리순신이 제 2위로 천거되어도 임명되지 않는 세상
아! 이 간신배들의 모략은 언제나 없어질는지.

함경도에서 벼슬을 버리고 고향으로 내려 올 무렵,
함경도 관찰사였던 리광(李洸)은 리순신을 알게 되어,
전라도 관찰사가 되자, 그를 서슴없이 군관으로
다시 조방장으로 겸임하게 하였다.

오! 그대와 같은 영재를 가지고 이렇게 뜻을 펴지 못하다니
아! 참으로 안타까운 일이로다. 안타깝도다.

조선이 후회할 일을 이렇게 함부로 하다니!

남쪽의 변방 생활은 새로운 출발이다.
그의 이름은 차차 알려지기 시작하고,
군관 겸 선전관이 되어 가끔 서울에 있다가
목민관, 정읍현감이 되어 백성을 보살폈다.

아버지를 여읜 조카들을 거느리고 있었다.
맏형의 아들로서 뇌(蕾 : 29살), 분(芬 : 24살), 번(蕃 : 15살), 완(莞 : 11살)과, 둘째형의 아들로는 봉(菶 : 27살), 해(荄 : 24살)가 있었으며; 리순신 자신의 아들로서는 회(薈 : 23살), 울(蔚 : 19살), 면(葂 : 13살), 딸 하나와 서자 훈(薰)과 신(藎) 및 서녀 둘이 있었는데, 해주 오씨와 서자 서녀들은 보성에서 살았다.

눈물을 지으며, 의지할 곳 없는 조카들을 맞아들여
자기 아들딸보다 더 사랑하며 교육을 시켰고,
시집 · 장가보내는 것도, 자기 자녀들 보다 먼저 하고,
자기 자녀들은 나이가 지나도록 미처 혼인을 못했으니,
리순신의 의리와 자비심은 지금도 본받아야 할 일이다.

내가 비록 남솔[13] 이라는 허물을 쓰고 파직이 될망정,
의지할 데 없는 어린 조카들을 내버릴 수가 있겠는가!
사람이 살려고 하는 일을 사람을 버릴 수야 없잖은가!

---

13) 남솔(濫率) : 옛날 고을의 사또[員]가 부임할때 제한된 이상의 가족을 거느리던 일.

멀리 있어도 사랑은 아름답지만,
사람은 가까이에서 아름답지요, 연인은.
바라만 보아도 사랑은 깊어지지만,
사람은 가까이에서 돌봐야 해요, 어린아이는.

밤하늘의 별이 되어 사랑을 노래해도
식후경에 금강산 가듯 배고파 죽을 지경이면
밤하늘의 별은 슬픔의 꿈이 된 눈물이지요.
차 꽃잎을 따듯이 가슴으로 사랑을 따렵니다.

16. 임진왜란, 압박해오는 전운

18척의 왜선이 흥양을 침범하여
녹도 만호 리대원(李大源)이 혈전을 벌였지만,
인근의 수군들은 팔짱만 끼고 바라만 보는 실정이었으니,
그제야 중앙조정의 관원들이 몹시 놀랐으니, 그게 놀랍다.

손죽도(損竹島) 해전!
심암(沈岩)은 전라좌수사로서
리대원의 공로를 빼앗으려 하다가
마음대로 되지 않자, 그를 모략하기 시작했고,
어둡고 군사도 적어 도저히 적과 싸울 수가 없었음에도,
심암은 억지로 명령하여 리대원은 또 나가 싸웠다.
그리고 22살의 젊음은 장렬히 산화되었다.

리대원은 손가락을 잘라 속저고리에다 피로써
절명시 한 수를 써서 집안 종에게 전했다.

진중에 해 저문데 바다 건너와, [日暮轅門渡海來]
슬프다! 외로운 군사 끝나는 인생. [兵孤勢之比生哀]
나라와 어버이께 은혜 못 갚아, [君親恩義俱無報]
원한이 구름에 엉켜 풀릴 길 없네. [恨人感雲結不開]

최후의 순간까지 역전하다가,
화상입고 기진맥진해지자,
적들이 사로잡고 항복을 받으려고 했지만,
끝까지 항복을 하지 않았다.
왜적들은 그를 배 돛대에 묶어 달아매고
참혹하게 때리고 찍어서 죽게 하였지만,
오히려 그의 호령소리는 바다를 쩌렁쩌렁 울렸다.

일본에서는 후양성(後陽城) 천황이 지배했는데,
전국시대(戰國時代)라는 혼란기를 수습하고,
통일하는 기초를 닦아가 직전신장(織田信長)이
부하 명지광수(明智光秀)에게 암살되자,
풍신수길(豊臣秀吉) 1590년에 국내를 통일하였다.

풍신수길은 1585년에 관백이 되었고,
1586년에 태정대신이 되어
친황의 권위를 빌어 전국을 통치하였다.
꿈은 펼쳐지는가? 어디로.
중국대륙을 일본으로 만들겠다고 큰소리쳤다.

마카오 홍콩 아모이 상하이 드나들던 유럽인들에게서
일본은 군선(軍船)과 조총(鳥銃) 등을 수입했고,
풍신수길은 이를 미래전에다 훌쩍 겹쳐보았다.
가능성은 없지 않았다. 포르투갈의 힘입어
잘만 한다면 천자의 자리는 따 놓은 당상이렸다.

1587년에 귤강광(橘康廣)은 조선의 실정을 정탐하고
서울에 들어와 풍신수길이 일본을 통일했고,
중국을 침공할 뜻을 가졌다는 말을 전하면서
빨리 일본과 수호(修好)할 것을 청하였다.
대마도주 종의지(宗義智), 중[僧] 현소(玄蘇)를 보내라!
다시 조선의 허실(虛實)을 엿보고 와서 보고하라!
풍신수길은 뒤에서 이런저런 명령을 마구 해댔다.

에헹! 일본은 무례하고 거만하구먼.
무슨 그 따위 편지가 있어! 예[14] 놈인 주제에.

종의지와 현소는 중앙조정에 여러 물품 바쳤다.
최신 수입 무기로서 나는 새를 맞추는 조총도 있었다.
그대로 군기시 창고 바닥에 넣어 두니 모시고 있는 셈이다.
알면 많이 보고, 모르면 아니 본다는 말 그대로렸다.

정사(正使) 황윤길(黃允吉) :
"일본은 병선을 준비하고 있고, 반드시 반란이 있을 것입니다."

부사(副使) 김성일(金誠一) :
"그러한 정세가 있는 것을 보지 못하였습니다.
황윤길이 백성을 동요시키는 것은 옳지 못합니다."

이것들이 나라의 일을 갖고서 장난치는가?

---

14) 예 : 왜(倭)의 옛말. '작다'는 뜻.

통신사가 갖고 온 풍신수길의 글을 보지 못했는가?
"군사를 거느리고 중국에 침입하겠습니다."
그래, 전쟁이 싫다면 국방을 더 키울 일이지,
김성일의 무사론(無事論)에 빠져서야 고놈들이 그만둘까?

아무도 전쟁을 바라지 않았지만,
아무도 전쟁에 대비하지도 않았다.
이런 때에 누가 전쟁준비를 했는가?
아무리 천하가 태평해도 전쟁 잊으면 망한다.

1591년 여름에 삼척 양양 울진 등지에 개미떼가
바다를 덮을 듯이 나와 해안에 가득히 깔려있어
마치 전투하는 형상을 보였다.
서울 한복판에는 어느 집 뜰 앞마당에 검정 개미떼가
가득 퍼져서 머리가 끊기고 허리가 끊겨서 죽었으니
그 수를 헤아릴 수가 없었다.[15]

건원릉(健元陵)의[16] 릉침이 울어대고,
한강[漢水]이 붉어져 넘쳐흐르고,
치우기(蚩尤旗)[17]가 미성 기성[尾箕星][18] 자리에 뻗치고,
거북이 수없이 바다에서 나왔다.

---

15) 李睟光,『芝峰類說』권1 災異部 物異.
16) 태조 리성계의 무덤.
17) 치우기(蚩尤旗) : 전란 / 변란의 징조를 알리는 별이름.
18) 미성(尾星) 기성(箕星) : 천문분야의 동쪽 지역 7별자리 이름이며, 조선의 위치를 말한 별이름.

17. 전라 좌수사, 하늘이 내려준 리순신

훌륭한 인물은 혼란한 세상에서 나고,
혼란한 세상에서 온갖 고생과 쓰라림을 겪는다.
이제나 예나 무엇이 다른가? 같다면 누가 인물인가?
조선이 혼란한가? 태평한가? 지금도.

풍신수길은 한 목소리로 막강한 군사를 몰아
조선과 함께 중국을 침략하겠노라 위협하는데,
중앙조정에서는 틈날 때마다 동인! 서인!
열 오른 망국의 당쟁은 식을 줄을 몰라요.

정읍(井邑) 현감→ 고사리진(高沙里鎭) 병마첨절제사→
정읍현감→ 만포진(滿浦鎭) 수군첨절제사→ 정읍현감→
진도(珍島) 군수→ 가리포(加里浦) 수군첨절제사.
참으로, 리순신은 더 올라갈 수 없는 무능력자였는가?

나라가 위급하면 반드시 충신을 찾는다.
취소된 임명장에 이어 부임하기 전에 전라좌수사 임명
아! 그래도 1591년 2월 13일은 참 역사의 순간이고,
왜란을 일으킬 14개월 전에 이런 해괴한 일도 있었다.

리순신에게 늘 발목 잡는 일은 그 능력 때문이요,
중앙의 대신들은 그 능력을 늘 알지 못한 때문이요,
갑작스러운 승진이라며 찬성하지 않는 사람들이 많았다.
이때에도 왜놈들은 대대적인 군사를 동원한다는 설마 그럴리야 하는 소식뿐인데.

영조 때의 학자 리성호(李聖湖)의 아들
리맹휴(李孟休)가 쓴 『접왜력년고(接倭歷年考)』에 쓰인 비평을 들어보자, 비평을.

"류성룡이 리순신을 추천하여 군인들 속에서 뽑아내어 수군을 지휘케 함으로써, 서해로 올라가는 왜적을 무찌르고 소서행장의 한쪽 팔을 끊어, 평양의 적들이 의주로 직행하지 못하게 하여 중흥의 혈맥이 비로소 바로잡혔던 것인 만큼, 류성룡이야 말로 인재를 뽑아 올린 으뜸상을 받을 만한데, 《선묘보감(宣廟寶鑑)》에는 아예 리순신의 공로를 없애 버렸으므로, 지식인들이 그것을 마땅히 추보하여 미더운 역사를 만들어야 한다고 했건만, 끝내 그렇게 되지 못했다."

역사에는 가정이 없고, 늘 사실의 기록뿐이다.
그러나 한번 가정해보자, 왜란의 결과를!
임진왜란은 실로 리순신 때문에 이긴 것이요,
류성룡이 리순신을 추천한 때문에 이긴 것이다.

그런데 류성룡의 사람 보는 눈이 없었다면
리순신이 스스로 해낼 수 있었을까?

류성룡의 숨은 공로가 리순신의 드러난 공로 못지 않도다.
백락(伯樂)이 있어 단번에 천리마 알아 보았듯이.

만약에 임진왜란에서 조선이 이기지 않았다면
아! 그 조선은 생각조차 싫은 조선일 뿐이다.
만약에 임진왜란에서 일본이 패하지 않았다면
아! 그 조선은 쪽발이에 굴욕된 조선일 뿐이다.

그래서 그 조선은 리순신이 구한 조선일 따름이다.

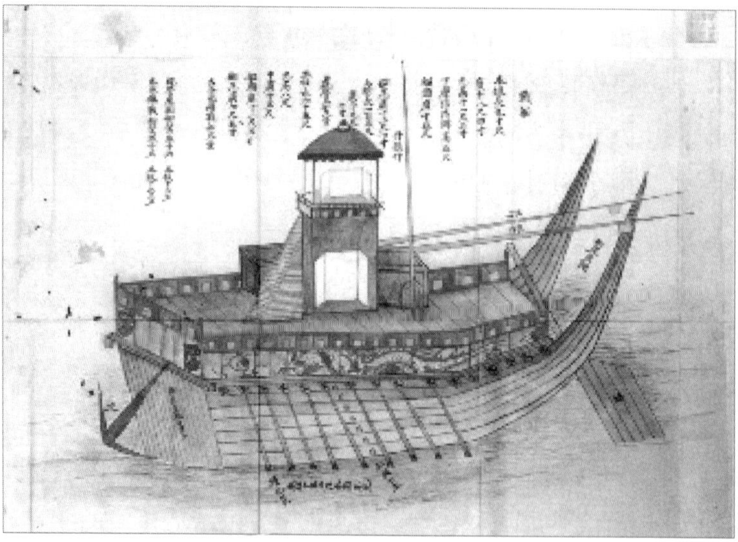

[임진왜란의 주력함 판옥선 구조도]

18. 준비, 예견된 전쟁의 오랏줄

문란한 조선의 국정!
현명한 사람은 예측하여 불행을 예방하고,
미련한 사람은 겪어봐야 불행인 줄을 안다.
임진왜란! 겪고 나서 비로소 알게 된 조정의 등신들.

국방체제는 진관체제(鎭管体制)였고, 강과 바닷가엔
읍(邑)을 군사조직의 진(鎭)으로 편성하여
주진(主鎭) 거진(巨鎭) 제진(諸鎭)으로 나누고,
각읍의 수령을 군사지휘관으로서의 임무를 겸하였다.

육군은 각도에 병마절도사가 주진에 있고,
목사(牧使: 정3품)가 겸임하는 첨절제사는 거진에,
군수 겸임의 동첨절제사와 현령 현감의 절제도위는 제진에,
각도의 수군절도사가 수군의 사령탑 최고 지휘관이었다.

진관은 자전자수(自戰自守)하는 독립방어 체제이므로,
적의 침입을 먼저 받은 진관이 먼저 대적하며
함락되더라도 다음 진관이 시간적 여유를 갖게 하고
인근의 진으로부터 적극적 지원이 이루어질 수 있다는데.

막상 왜란이 일어났던 때는 이와 달랐다.
들어는 보았는가? '제승방략(制勝方略)'을!
각읍 군사가 예정된 지역[信地]에 배치하는 제도를!
그래, 긴급 초동 조치하는 작전이구나.

수군을 없애고 다만, 육전에만 전력을 기울여야 할까보냐.
바다로 침입하는 왜적을 저지하는 데에는
수군을 따를 만한 것이 없다. 수군도 육군도
어느 한 쪽도 없앨 수 없는 것이여!

저 유능한 해군 전략가의 외침은 외롭지 않았다.
진해루(鎭海樓)에서 회의 토의 작전 지시와 명령이
앞날에 큰 국난을 점치며, 힘을 힘을 힘을 키웠다.

좌수영의 본영과 순천 보성 낙안 광양 흥양의 다섯 관[五官]
사도 방답 여도 녹도 발포의 다섯 포구[五浦]마다
전선 무기 병사 등의 불비된 부분을 보수하게 하고,
군사들에게는 교육과 훈련이 진한 땀으로 배어있다.

종고산 북쪽 봉우리에는 신호대를 쌓고,
율촌 선생원에서 큰돌을 실어와 구멍을 뚫어
쇠사슬을 박아 앞바다에 여수와 돌산도를 걸어놓고,
기다린다. 건너오는 적을 바다에서 쳐 없애려고.

모여라! 시합하자! 누가 누가 잘 하나?
활쏘기 시험[弓試]은 전투력 강화에 지름길이고,
심신을 단련하는 좋은 수단이기도 하지.

그래, 다 모여라! 시합하자! 해운대에서.

다시 새로 준비하라!
대포다! 총통이다!
새로 만든 거북함에도 실어라.
천자총통 지자총통 현자총통 황자총통 중완구를
대장군전 장군전 차대전 피령전 단석과 비격진천뢰를
각각으로 잘 넣어서 잘 쏘아라!
철환도 마구 쟁여라! 빵! 빵! 빵!

가까이 오면 쏘아라!
쇠뇌에는 편전을 따발총처럼 당겨라!
물소뿔로 만든 활[角弓]에는 장전 편전을
솜으로 단단히 묶어서 불화살을 쏘아라!

19. 거북함, 그들을 거북하게 하라

바다를 차지하면 세계를 지배한다.
배는 바다를 걷는 말이요, 집이요, 천국이다.
그 천국의 터전은 물이요, 그 물길을 내자.
배가 가면 내가 가는 것이니,
힘 안들이고 수만리를 갈 수 있구나.

고구려의 수군이 강성했을 적에
오왕(吳王) 손권(孫權)이 우리에게 청병(請兵)을 했지.
광개토대왕이 친히 수군을 거느리고
백제를 쳐서 개선했다며 호태왕비를 세웠지.

신라의 수군이 강성했을 적에
유례왕 자비왕 지증왕 진평왕 때에도
선부서(船府署)를 두어 수군과 전함을 관장했던 거야.
장보고는 수군들을 거느리고서 천하를 호령했었지.

고려 태조 왕건과 후백제 왕 견훤도 수군 장수였고,
왕건의 전함 갑판 위에서 말을 타고 달릴 정도라 했고,
뱃머리에 쇠뿔로 장식한 과선(戈船)으로
동녀진(東女眞)들을 격퇴시키기도 하였지.

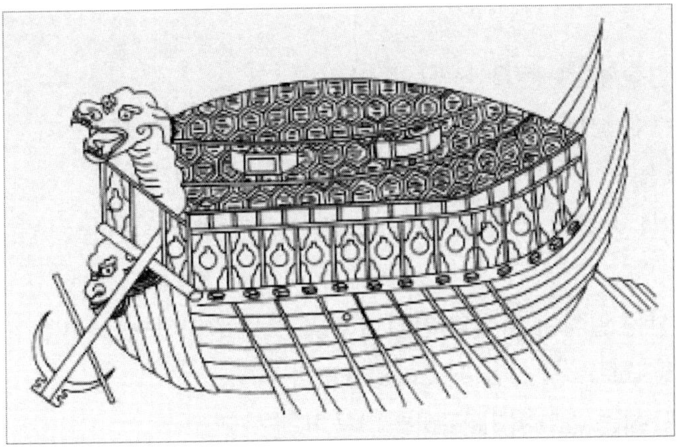

[통제영 거북함 모양]

화약의 발명자 최무선은 대포로 진포해전을
정지 장군은 대포로 관음포해전을
승리로 이끈 전통이 리순신에게 유전인자로 박힌 것이지.
우연은 없는 거야. 있어왔던 것을 더 갈고 닦은 거지.

라대용 라치용 형제가 달려와 동지가 되어
전함 건조 기술로써 거북함을 만들었지.
임진왜란이 끝난 뒤에는 창선(鎗船)을
해추선(海鰌船)을 창안하여 만들었던 인재였어.

왜적들은 신무기 조총으로 승승장구했지만,
바다에서는 조선수군들이 신기 거북함으로
왜적들을 여지없이 무찔렀던 거야.

임진왜란! 1592년 4월 13일!
부산 갈매기 나는 항구에 왜적선들이 바다를 메웠을 때,
리순신은 아슬아슬하게도 거북함을 완성시켰었지.
아! 하늘이 조선을 버리지는 않았던 게야. 거북함을 보면.

신은 일찍이 왜적의 침입이 있을 것을 염려하여,
별도로 거북함을 제조하였습니다.
앞에는 미르머리[龍頭]를 만들어 붙이고,
그 아가리로 대포를 쏘며,
등에는 뾰족한 쇠못[鐵尖/刀錐]을 꽂았습니다.
안에서는 밖을 내다볼 수 있어도
밖에서는 안을 들여다볼 수 없습니다.
비록 적선이 수백 척이 있는 속이라도
뚫고 들어가서 대포를 쏘게 되어 있습니다.

자랑스런 신예 무기가 탄생하였다.
문무겸전, 신출귀몰의 새로운 착상의 산출물
거북함은 그들로 하여금 징하도록 거북하게 하리라.
우리의 편안함이 그들로 하여금 거북하리라.

언제나 미래전에는 창의력의 경쟁이다.
당대 무비(當代無比)의 불침 전함(不沈戰艦)이다.
율곡이 예견한 해전의 핵심수단이 전선이라.
들어보자. 옛 선현의 말을.

저 판옥선은 그 제도가 극히 정교하여

전쟁하는 기구로서는 없지 못할 것이다.
다만, 그런 것을 물이 얕은 모래 바닥에
헛되이 버려 두어 세월이 오래 되므로,
저절로 쓸데없이 되었거니와
사람들이 배 만들 필요가 없다하는 말도
실상은 바로 그 때문이다.

그런데 전함 만드는 일이란 결코
하루아침에 할 수 있는 것은 아니다.
만일 왜적들이 변방을 쳐들어 온 뒤에
나무를 베어다가 배를 만들려고 한다면
그야말로 저 7년 된 병에 3년 묵은 쑥을
구하려 다니는 것과 무엇이 다를 것이랴.

20. 거북함을 노래하다

거북으로 이름한 배, 우리 님이 만드시어
그 모양 본떠 내어 몽충(蒙衝)[19] 대신 쓰시었네.
물새 솔개 그린 배들 신기할 것 없건마는
엎디고 떠오르고 마음대로 하는구나.

입으로 뿜는 총알 우박같이 흩어지고
등에 박힌 칼날이야 별빛같이 반짝이며
고래 같은 파도 위를 평지같이 내닫누나.
외로 치고 바로 찔러 번개처럼 달리면서
나는 적을 해치어도 적은 나를 못 보고서
적의 배들 모여들다 부딪치면 깨어지니
섬 오랑캐 넋이 빠져 서로 보며 놀라는데
동에 번쩍 서에 번쩍 귀신이 이 아닌가.

옛 제도만 본뜰 건가 사람 손에 달렸나니
모방해 만들었기 물건이야 같건마는
신묘하게 부릴 사람 공의 뒤를 뉘 이으리
그 사람 곧 못 얻으면 헛 물건이 될 것이라

19) 몽충(蒙衝) : 옛날 전투함의 한 종류.

이 노래 지어내어 구멍 막이 되려노라.[20)]

하늘개 달을 먹어 바다 마르고
만리엔 센바람 불어 나무 꺾이고
주흘산(主屹山) 강한 관문 무너지고서
십만 명 억센 왜병 쳐들어 왔네.
원(元)가는 늙은 장수 살찐 배 뚱보
구원병 하나 없이 섬에 있을 제
큰 사명 띤 이에겐 너 나가 없네.
배 저어라, 남의 일 보듯 하리요.

좌수영 남쪽 문을 크게 열고서
둥둥둥 북 울리며 거북선 떴네.
거북인지 아닌지 밴지 무언지
고래 물결 쓸며 가는 우뚝한 저 배
네 발은 굴러서 차바퀴 되고
겨드랑 비늘 들면 총구멍일세.
파도 밑에 춤추는 노가 스물 넷

---

20) 문숙공(文肅公) 리병모(李秉模)의 귀선송(龜船頌)이다.

물 속에서 눕고 앉는 노 젓는 군사.
코로는 연기 쏘고 눈엔 붉은 칠
미르같이 자라같이 폈다 줄였다
왜적들 엉엉 울며 벌벌 떠는 꼴
노량바다 한산바다 핏물 들었네.
주유(周瑜 : 175~210)는 적벽(赤壁)에서 때를 만났고
우윤문(虞允文) : 1110~1174)은 채석(采石)에서 뽐내었지만
그 누구 백 번 해전 다 꺾어내며
억센 적을 무찌르고 끄떡 않더냐.

삼백 년 지난 이제 교통이 열려
화륜선 연기 뿜고 동쪽으로 오니
양떼 속에 사나운 범 들어온 듯이
살벌한 대포소리 하늘 흔드네.
저승에서 리순신 되살려 오면
기이한 방책을 낼 수 있으리.
거북함 만들 듯이 새 지혜 내면
왜놈들 목숨 빌고 양인(洋人)들 가리.[21)]

보라! 우리 눈앞에 나타나는 그의 모습
거북함 거느리고 호령하는 그의 위풍
일생을 오직 한 길 정의에 살던 그이시다.
나라를 구하려고 피를 뿌리신 그이시다.
충무공, 오! 충무공 민족의 태양이여!

---

21) 매천(梅泉) 황현(黃玹)의 귀선가(龜船歌)이다.

충무공, 오! 충무공 민족의 면류관이여!
그날 땅과 하늘을 울리시던 그의 맹세.
저 언덕 저 바다에 배고 스민 그의 정신
외치는 저 목소리 그가 우리를 부르신다.
겨레의 길잡이로 그가 우리를 부르신다.[22)]

전무후무한 빛난 큰 은공이라 [光前耀後立恩功]
영원히 잊지 못할 충무공 이름 [有世難忘忠武公]
바다와 산에 다짐해 지은 철갑함 [誓海盟山成鐵甲]
십만 명 왜병이 모두 죽었네. [倭兵十萬火死蟲][23)]

이제 다시 불러보자 거북함 찬가를.
거북함에 당해낼 왜적선은 한 척도 없었다.
해내겠다는 정성과 지혜와 열정의 결정체가 거북함이다.
주무유호(綢繆牖戶) 유비무환(有備無患)이 깃든 정신이다.

22) 로산(鷺山) 리은상(李殷相)의 거북선 찬가이다.
23) 독립운동하던 예관 신규식(申奎植)이 상해에서 읊은 시.

발사된 '대장군전' 모습

'격목'

[임진왜란 당시 총통 복원 발사 시험 장면 1994. 8. 5]

제3장

아! 그 임진왜란

21. 왜국 사신, 교만한 풍신수길 닮아

왜란! 수많은 생명과 재산이 희생되고,
분탕과 살육으로 참혹하기 그지없었던 극악의 전쟁
하루아침에 돌발한 것이 아니라 예고된 왜란!

무릇 8년에 걸친 피비린내의 일본에서
풍신수길이 꿈꾸다 깰 날이 올까?

너희들이 가진 창이 짧으니 좀 더 긴 창을 가지고 나오너라!
나는 여러 해, 전쟁을 치르느라고 머리가 희어졌지만,
사또는 이런 꽃밭 속에서 태평세월로 지내는데,
왜 그렇게 머리가 희어졌소?

버마재비에 먹힐 걱정 잊은 매미 울고 [蟬噪忘螳捕]
백로가 조는 동안 물고기 잘 노네. [魚庭喜鷺眠]
아느냐! 이 땅이 어찌 될 땅인 줄 [此地知何地]
다음 날 또 여기 와서 잔치 벌리리. [他年重開筵]

현소도 비아냥거리는 글 장난에
이빨 떨리는 그 비웃음, 그 공갈과 협박에도
입은 있어봐야 먹는 도구라면 짐승과 무어 다르랴.

아! 거만하고도 방종스러운 풍신수길을 닮은
짓거리와 말장난에도 조선에서는 입이 없었나 보다.

[왜구의 침입로와 중국군의 지원]

22. 허위보고, 승진의 뇌물인가

왜란이 일어나기 1년 전 1월 28일에
왜놈의 회신 국서는 선전포고에 버금가는 말 :
대번에 대명으로 곧장 들어갈 것이니,
귀국은 먼저 달려와 입조하라.

일본에 다녀온 통신사 황윤길과 김성일이
같은 사람의 꼴을 두고 정반대로 다르게 말했다.
누가 옳고, 누가 그른가?
약은 입에 쓰다는데, 달콤한 말에 빠지는 세상인심.

풍신수길은 눈이 빛나고 담략이 있어 보이니,
일본은 반드시 반란을 일으킬 것입니다.
풍신수길의 눈이 쥐새끼와 같아 두려울 것이 없고,
왜적에게 그러한 징조가 있는 것을 보지 못했습니다.

아하! 세상은 안일무사를 나쁘다 말하지만,
한결같이 모르게 안일무사에 빠져있음이여!
상관을 흠집내도 아무렇지도 않은 세상이면
그 조직은 정상을 벗어난 망해질 조짐이라!

황윤길이 민심을 동요시키는 것은 옳지 않습니다. 나으리!
그래! 네 말이 옳다. 제까짓 놈이 무슨 전쟁을…
아하! 무서운 도박을 하는구나. 국가의 운명을 걸어놓고.
그래! 네 말이 맞다. 부사 김성일에게 통정대부를 내리노라.

허위로 보고한 게 잘한 짓이라며 큰 상을 주니
정세의 오판을 어이 감당할꼬! 댓가를 받으리라.

23. 당쟁, 퇴폐풍조 조장의 온상

당쟁(黨爭)! 국가 발전을 위한 의견충돌은 있을 수 있는 일.
그러나 개인의 이익을 위한 의견충돌로서
국가발전에 장애가 되는 행위라면 기강해이이고,
국가를 멸망의 구렁텅이로 빠뜨리는 이적행위다.

선조 소경왕 리연은 집권 8년째부터 스스로 그랬다.
당쟁을 자신의 독특한 리더십처럼 우쭐대었다.
동인이 그럴싸 하구만. 서인이 그럴싸 하구만.
임금 못하겠다는 말 12번이나
세자에게 자리넘기겠다고 위협했지.

동인의 두목 허엽(許曄)은 8년전 2월에 죽었고,
서인의 두목 심의겸(沈義謙)은 5년전 9월에 죽었고,
서인의 두목 박순(朴淳)은 3년전 7월에 죽었고,
동인의 두목 김효원(金孝元)도 2년전 4월에 죽었다.
왜란이 일어나기 전부터 얼얼하게 동인 서인 해댔다.

등등곡(登登曲), 비행소년의 떵떵거리기 읊어보자.
한성 선비 집안의 자제들이 떼를 지어 놀며,
짐짓 미친 척 노래하고, 춤추고,

웃고, 울고, 별의 별짓을 다하면서
부끄러워하는 기색은 조금도 없었고,
방자하게도 귀신 도깨비 같은 모습이
해괴하기가 말할 수 없었는지라
이를 일러 떵떵거리기, 등등곡이라 했었다.

당시 이름 난 집안 자제들로서
영의정 리산해의 아들 리경전(李慶全),
우의정 정언신의 아들 정협(鄭協),
여류시인 허난설헌의 남편 김성립(金誠立)을 비롯하여
정효성(鄭孝誠), 백진민(白震民), 류극신(柳克新),
김두남(金斗南) 등 30여 명이 등등곡을 수창했는데,
사람들이 그것을 보고 나라 망할 징조라네,
퇴폐풍조라 하네, 망할.

언제나 제 화를 제가 불렀고,
제 벌을 제가 청한 꼴이 가슴에 맨다.
미래의 축에 희망의 뜻을 두지 않으면
말초신경에서 광란의 멸망으로 끝날 따름이다.

24. 전쟁, 예고된 행진

전쟁은 언제나 전혀 예고되지 않는 게 없다.
다만 모르거나, 굳이 애써 모른 척할 따름이다.
임진왜란! 그게 전형적으로 예고된 행진이었다.
중국을 치러 갈 테니 길을 비켜 달라!

풍신수길의 조선 침략준비가 하루 이틀에 되고,
왜적들의 조선침략이 하루아침에 기습되었는가?
아니다, 아니다.
"假道征明" "假道征遼"라 선전포고하지 않았던가?

선조 25년 임진 4월 13일
중국 신종(神宗) 만력(萬曆) 20년 4월 13일
일본 후양성(後陽城) 문록(文祿) 1년 4월 14일
서기 1592년 4월 13일
어찌 우리 이 날을 잊을 수 있으랴! 임진왜란 발발을.

조선 왕조 창업 200주년 기념축하 행사!
아프고 시릴 뼈는 있는가.
바로 슬픈 역사의 행진이다.
일본군의 병선 700척 남짓이

진시에 대포(大浦)를 떠나
신시말에 부산포에 도착했으니.

흑의장군 부산진 첨사 정발(鄭撥)이 전사하다.
충효(忠孝)는 본시 둘 다 지키기 어렵습니다.
나랏일이 급하여 떠나는 길이오니,
어머니께서는 이 자식을 생각지 마시옵소서.

그래. 네가 충신이 된다면 나는 영광스러울 따름이다.
네. 나는 이 성의 귀신이 되겠나이다. [吾當爲此城之鬼]

다대포 첨사 윤홍신(尹興信)이 적과 싸우다가
그 서제(庶弟)와 서로 껴안고 같이 죽어,
같은 관속에 넣어 같이 장사 지낸 순절비(殉節碑),
무비(無備)의 끝에 유환(有患)만이 처참히 덩그렇다.

동래부사 동악(東岳) 리안눌(李安訥)이 읊은 시 :

사월도 보름이라 울음소리
천지는 쓸쓸하고 바람조차 슬프구나.

묻나니, 여보아라! 울음 어인 일고.
임진년 난리 통에 이 성이 무너질 제,
송 부사 성을 지켜 충절을 세웠으나,
왜적이 쳐들어와 한꺼번에 피를 쏟자
송장 밑에 몸을 숨겨 천에 한둘 살아났소.

그래서 이 날이면 제사 차려 우옵는데
아들을 그려 울고 아버지 그려 울고
손자를 그려 울고 할아버지 그려 울고
딸자식 그려 울고 어머니 그려 울고
남편을 그려 울고 아내를 그려 울고
아우 언니 누나 동생 산 사람은 다 울지요.
얼굴 찡겨 물어보며 눈물만 흐르는데
다시 일러 하는 말이 그건 되레 덜 슬프오
어떤 집엔 모두 죽어 울 사람도 없답니다.

무너지는 소리 있어 들어는 볼라오?
17일에는 기장, 양산이 무너지고,
18일에는 언양, 김해가 무너지고,
왜적 1진은 조령(鳥嶺)을 넘고
왜적 2진은 죽령(竹嶺)을 넘고,
왜적 3진은 추풍령(秋風嶺)을 넘고,
한성으로 가는 길이 파죽지세라더라.

25. 업신여김의 수군, 경상도의 패배

크크크 큰 일이 나나나 났습니다.
왜왜왜 왜적이 동래 기장도 무너뜨리고,
조령 죽령 추풍령을 건너 서울로 온답니다.

4월 17일의 급보는 3일만에 천리 길을 달려
하루에 233㎞ 시속 10㎞를 거칠 것이 없이 달려
마련되었어야 할 비상대책의 중신 회의보다 빨랐다.

그런가? 아니다. 보내라! 빨리 보내라!
리일(李溢)을 중로(中路)로, 빨리!
성응길(成應吉)을 동로(東路)로, 빨리!
조경(趙儆)을 서로(西路)로, 빨리!
신립(申砬)을 도순변사(都巡邊使)로, 빨리빨리!

빨리빨리 문화가 이때부터였나? 빨리빨리!
리일은 상주에서, 신립은 충주에서 대패하고,
임금은 서쪽으로 서쪽으로 의주로 피난하고,
서울은 5월 2일에, 평양은 6월 13일에 무너졌다.

조선의 강토는 두 달 만에 거의 무너졌다.
빨리빨리 문화가 왜놈 앞에 허망하게 무너졌다.

빠뜨리는 것 많은 것이 '빨리빨리' 라,
신립 장군은 장계에 자기 이름 서명을 잊었고,
리일 장군은 패랭이에 흰 베옷 입고, 짚신 신은 꼴불견들.

선조는 자기가 만든 리더십을 두고
오늘 같은 이 판국을 당하면서도
또 동이니 서니 하고 싸우려고 하는가?
꾸짖는 말이 부끄럽지도 않은가봐.

응봉(鷹峰) 봉수감고(烽燧監考) 리등(李登)도
연대(煙臺) 감고 서건(徐巾)이 보고한
'4월 13일 신시 왜적선 90척 남짓이 부산으로 향함!'
가덕진 첨사 전응린(田應麟)은 대선단의 이동을
경상좌수사 박홍(朴泓)에게 보고하고서,
박홍은 우수사 원균(元均)에게 연락하고는 달아났대요.

율포 만호 리영남(李英男)은 원균에게 건의하되,
사또는 왕명을 받아 수사가 되었는데,
이제 군사를 버리고 육지로 도주하면,
후일 조정에서 죄를 물을 때,
무슨 말로 해명하려 하십니까?
전라도에 구원을 청해놓고 전투합시다.
그래도 승리하지 못하면, 그 때
도주를 하여도 늦지 않을 것입니다.

리영남은 전라좌도수군절도사에게 달려갔다.
달려갔다. 달려갔다. 달려갔다.

26. 리순신의 결전 의지, 그곳도 우리 땅

왔소이다! 왔소이다! 그 왜놈들이 왔소이다.
왜선 90척쯤이 부산 앞 절영도에 대었고,
왜선 350척쯤이 부산포 건너편에 와 대었소이다.
도와주소서! 함께 쳐야 하겠습니다. 함께요.

라쏘라쏘 아라쏘 이다. 아알았습니다.
놀란 가슴 숨기고, 차분한 모습 보이며,
입술을 깨물고 작전의도를 임금께 올렸고,
전라 순찰사 리광(李光)과 병마사 최원(崔遠),
전라 우수사 리억기(李億祺)에게까지 상황을 전파하고.

원균의 청병을 리순신이 얼른 들어주지 않았다고?
이렇세 4월 27일에 경상도로 출동한다는 장계에는
리순신이 원균에게 그곳 적정을 자세히 알려 달라고
통보문을 급히 보내어 알려달라고까지 했단다!

원컨대, 한 번 죽음으로써 기약하고
즉시로 범의 소굴을 바로 두들겨
요망한 기운을 쓸어버리고
나라의 수치를 만분의 일이나마 씻으려하니
성공과 실패, 날쌔고 둔한 것에 대하여는
신이 이미 헤아릴 바 아닐까 하나이다.

27. 전라도 장수들의 출전 결의

원균은 비록 물길이 좀 멀기는 했었지만
배를 많이 가졌었고, 또
적들도 하루아침에 몰려 들어온 것도 아닌 만큼,
우리 편에서도 군사 있는대로 이끌고 나가서
단 한 번이라도 싸워 이겼더라면
적군들도 뒤를 겁내어
깊이 들어오지는 못했을 것이 아니냐!

후회하지 말라! 최선을 다했다면.
누구에게도 나무라지 말라! 최선을 다했다면.
류성룡의 생각도 그른 것은 아니지만,
원균도 고민 끝에 리순신에게 청병을 하였고,
리순신이 출전해서 승리를 차지하였기에
천만 천만 다행한 일이다.

왜란이란 말에 사람들은 일어났다.
전라도 사람들은 모두 격분했다.
자기 자신조차 잊어버리니, 이게 의사(義士) 아니랴!
신하로서 임금을 섬김이 충성이요
신하로서 나라 위함이 충성의 근본이라,

충성 그 하나에 모두 목숨으로 다짐하였지.

한번 죽을 것을 기약하고 범의 소굴로 갑니다.
요망한 적들을 소탕하여
나라의 부끄러움을 씻고자 하나이다.
성공하든, 실패하든, 잘 되든, 못 되든,
이제는 모두 저의 생각에서 떠나 있습니다.
반드시 이기고 나서 싸운다는 말은 새기고 있습니다.

[부산포 해전 장면]

제4장

출전, 전투현장으로

28. 출전의 나팔, 그 승리의 기쁨

출항! 1592년 5월 4일 새벽 04:30!
어두운 새벽은 바다를 내다보며 맹세를 했으리라.
죽음을 바다 위에 얹어놓고,
각오를 뱃전에 매어놓고,
한 배에 타고 있는 동지들은
눈동자들을 샛별처럼 반짝인다!
정열과 의기의 피가 넘쳐흘러 상기된 얼굴과 얼굴들!

어머님! 생신날 미역국 잘 잡수세요.
제가 살아 돌아오리란 생각일랑 마세요.
출전합니다. 경상도로 출전합니다.
슬프고 애통함을 참을 길 없어
닭이 울자, 일어나 앉아 눈물만 짓네.

판옥선 24척, 협선 15척, 보자기배 46척, 모두 85척!
전투력을 가진 전함은 겨우 24척뿐이나.
수백 척 왜적선을 이겨낼 꾀가 어디에 있는가?
이미 나는 이겼다.
그들의 아킬레스를 나는 알고 있다.

옥포 만호과 영등포 만호과 소비포 군관 등 9명이
판옥선 4척과 협선 2척을 거느리고,
경상 우수사 원균은 전함 4척을 거느리고 왔다.

호남 영남의 군사들을 모아 놓고
다시금 약속을 굳게 했다.
당포를 떠나 견내량을 거쳐
해상을 더듬으며 배를 몰았다. 견내량을 지나,
송미포에서 하룻밤을 드새고,
은밀하게 이튿날 새벽 다시 출항하여
가덕도 근방 적선을 샅샅이 찾아봤다.

이처럼 파도치는 날은 싫다, 나는.
낭만이 흐르는 바다 위에 불꽃놀이처럼
하늘을 수놓듯 밤을 낮처럼 밝히는 불바다는 싫다.

높은 파도 타는 바다는 그래도 좋아라.
낭만이 없어도 고기잡는 어부의 땀방울처럼
바다를 적시듯 밤을 낮처럼 적시는 바다가 좋아라.

긴장의 바다는 흥분하여 능선처럼 넘실대는데
마을마다 이어주는 포구의 바다를 딛고
노략질해대는 왜적을 찾아 바다에 섰다.

29. 옥포대첩, 기선 제압의 표본

덤벙대지 말라!
침착하라! 태산같이 정중하게.
침착하라!

송미포를 떠나 가덕 천성 지역을 샅샅이 뒤져라!
산에는 불타는 연기가 자욱하고,
여염집도 관청 건물도 분탕질을 치며,
옥포만 안쪽에 왜적선 26척이 있다.
척후선이 하늘로 신기전을 쏘아 높이 올렸다.

심지를 꽂고 화약을 넣어라!
격목을 넣고 실탄을 준비하라!
천자총통에 지자총통에 현자총통에
철환을 가득 재여 쏘아라!
천자총통에 지자총통에 현자총통에
대장군전에 장군전에 차대전에 불붙여 쏘아라!
중완구에 비격진천뢰를, 단석을 쏘아라!
우레같이 번개같이 힘껏 쏘아라!

엎어지며 자빠지는 왜적들

아우성치며 어찌할 줄을 모르는 왜적들
기슭을 타고 이리저리 도망치는 왜적들
선봉선 6척은 도망치며 조총을 쏘는데
천자 지자 현자 황자 총통들이 용서하지 않았다.

불타는 왜적선들은 연기가 하늘을 뒤덮었고
바닷물은 피로써 물들었다.
산 숲 속으로 도망간 놈들은 엎디어 가슴을 조였다.
왜적은 완전히 무너지고 말았다.

승전고를 울려라!
두두둥! 두두둥! 두두두 둥둥!
지나왔던 영등포로 돌아가자!
포탄과 화살로 풍랑일던 바다는
다시 조용해지고, 불타던 연기만이 하늘거리며,
영광스러운 첫 번째 해진의 대승첩 옥포 바다!

30. 합포해전, 더럽히지 말라 웅천땅을

여름날의 오후는 뜨거워라.
영등포 앞바다에서 배들을 대어놓고
나무도 찍어 오고, 물도 길어 와서,
흥분되는 밤을 지낼 준비에 바쁜데
멀지 않는 곳을 지나가는 왜선 큰 배 5척

한 척의 배도 돌려보내지 않겠다던 말대로
출동이다! 닻을 올려라!

웅천땅 합포 앞바다까지 적을 추격했다.
왜적들은 벌써 겁을 집어먹고 노를 저어
배를 버리고 육지로 올라가 도망을 쳤다.
두고 간 왜적선 5척을 모두 태워 버리니,
조선수군의 늠름한 배들만 달빛에 덩그렇다.

왜적이 들끓던 바다는 분노로 넘실대고
분노에 이글거리는 조선수군은 불길에 뛰어들며
분노를 잠재우며 적선을 바다 밑으로 밀어 넣었다.
수장되는 왜적선은 물거품과 불거품으로 허우적대며
풍신수길의 허풍과 거짓말을 고발하고 있다.

31. 적진포 해전, 잠깐만의 해치움

왜적이 있다는 진해 땅 고리량(古里梁)을 뒤져보니
건너편 적진포 바다 어귀에 대어있는 왜적선 13척
마을은 불타고 여염집들을 약탈하던 왜놈들 들키다.

보라! 리순신 함대의 위용을 보라!
적병들은 혼비백산하여 배를 버리고
싸우러 왔는가? 도둑질하러 왔는가?
왜놈들은 모두 산으로 도망쳐버렸다.

한 척도 한 놈도 돌려보내지 않겠다.
왜적선 2척이 달아나긴 했으나,
왜적선 11척을 모조리 불태워 버리니,
한번 출동에 세 번째로 이긴 적진포전(赤珍浦戰)이다.

32. 기선 제압, 첫 출동 결과의 효과

옥포 바다, 합포 바다, 그리고 적진포 바다에서
왜적선 모두 42척을 불태워버렸다.
노획품은 다섯 칸 창고에 쌓고도 남아
쌀 3백여 섬은 우리 격군과 사부들에게 주었고,
의복과 무명베 등도 군사들에게 나누어주어
적을 무찌르면 소득이 있다는 것을 알게 하니,
수군들의 사기가 하늘을 찌를 듯하였다.

전쟁에 쓸 수 있는 물품들을 따로 저장해 두고,
왜적의 붉고 검은 철갑과
뿔과 털이 가로 세로 박힌 철두구(鐵頭口)와 철광대(鐵廣大),
금관, 금깃, 금삽, 우의(羽衣), 우추(羽箒), 나팔 등
형상이 기이한 것, 사치스런 것들과
성곽을 무너뜨리는데 쓰는 기구로서 대철정(大鐵釘),
사줄 등을 모두 한 종류씩 뽑아
궤짝에 감봉하여 전과물로써 올려 보냈다.

낙안군수 신호가 왜적의 머리를 벤 것
하나는 왼편 귀를 도려 소금에 절여서
궤어 넣어 중앙조정에 올려 보내고,

포로 되었던 사람을 도로 데리고 와서는
그들을 순천 보성에 보내어서 보호하게 하였다.

아! 승리의 뒤편에는 피해도 없지 않아
순천 대장선(代將船) 사부(射夫) 리선지(李先智)는
왼편 팔 한 곳에 화살을 맞아 조금 다쳤을 뿐
옥포해전은 거의 일방적인 싸움의 대첩이었네.

증언을 들어보자.
이곳 근처에 사는 리신동(李信同)이란 사람이
산 위에서 우리 함대를 보고서는
아이를 업은 채 뛰어내려왔대요.

흉측한 놈들! 분하도다!
불처럼 타오르는 통분함이여!
이토록 흉측한 왜놈들을 돌려보내드리오리까?
한 척도, 한 놈도 돌려보내지 않으리라.
또 다짐하고, 또 다짐하였다.

33. 사천대첩, 마침내 뜬 거북함의 위용

원균에게서 급보가 왔다.
적선 10여 척이 사천 곤양에서 분탕질하고 있다.

곧 온다는 리억기 함대를 기다릴 수 없어
뒤따라오라며 먼저 돛을 올려 떠났네.

군관 윤사공(尹思恭)으로써 유진장(留鎭將)을,
조방장 정걸(丁傑)로써 홍양현을 튼튼히 지키게 하였네.

일어나라! 적이 왔다!
리순신이 놀라 일어나니 꿈이었다.
어떤 머리 흰 늙은이의 발길로 차인 꿈을 생각하며,
아, 현몽이라! 장수들을 이끌고 노량으로 나갔다.

구국제민의 꿈은 현몽으로 말한다.
리언양 및 급제 리기남을 거북함 돌격장 [龜船突擊將]!
나간다, 거북함!
판옥선 돌격장이 거북함 돌격장이닷!

즉시 따라가 잡아라!

명령은 즉각 시행이다!

해안에는 12척의 누각대선(樓閣大船)이 줄지어있고,
매우 높고도 가파른 산 능선에는 왜군 약 400명이
뱀처럼 장사진을 벌여 서서 휘두른다.
능선 줄기에 갖가지 수많은 홍기 백기를 꽂아 놓고,
가장 높은 산꼭대기에는 따로 장막이 쳐져 있고,
리순신 함대의 접근을 바라보며 보란 듯이,
내려다보며 칼을 휘두르면서 위세를 뽐내고 있었다.

아! 소행은 가소롭되, 함부로 나설 수 없는 일이라
지금은 조류의 흐름이 불리하여 공격 방법을 바꾸자.

화살은 미치지 못하고, 또
적의 배를 불태워 버려야 하겠지만,
썰물에다 적은 높은 곳이며
우리는 낮은 곳에 있으므로
지세가 매우 불리하고,
해도 또한 저물어 간다.

저 왜적들이 몹시 교만한 태도를 보여
우리는 짐짓 물러가는 체 해본다. 그러면
왜군들이 반드시 배를 타고
우리와 싸우려 할 것이다.
우리는 이들을 바다로 끌어내어
공격하는 것이 가장 좋은 방책이다.

유인작전이다.
선수를 돌려라!
후퇴 하라!
더 큰 소리로 저들이 듣도록 말하라!
겁먹은 것처럼 벌벌 떨며 말하라!
그래 물러가자!
전술적 후퇴다.

리순신 함대가 달아나는 모습을 바라보던
왜적들은 뒤따라 기세를 울리면서
약 200명이 줄줄이 산을 내려왔다.
100명쯤은 언덕 아래에 진을 치며 총을 쏘고,
나머지 100여 명은 그들의 배에 올랐다.
그래라, 그래라! 조금만 더 가까이 오라!
왜적에게 약하게 보여도 좋다.
저들이 날뛰게 하라! 교만에 빠지도록.

때마침 저녁 조수는 밀려들고,
판옥선도 차차 활동할 수 있게 되었다.
이때다.
뱃머리를 돌려라!
거북함은 돌진하라!

빗발 같은 조총이라 겁내지 말라!
우리의 아주 훈련된 전법이 있다.
천자총통 지자총통 현자총통 황자총통마다
철환을 조란환을 마음대로 재여서 쏘아라!

쏘아라! 쏘아라! 마음껏 쏘아라!
뒤따라 다른 전선들도 공격하라!

이젠 함포전(艦砲戰)이다.
늘 그래왔던 백병전을 무력화시키는 함포전이다.
조총!
겁낼 것 없다. 천자 지자 현자 황자 대포가 있다.
대장군전 장군전 차대전 피령전에
솜을 묶어 기름을 묻혀서 불을 댕겨라!
오! 불화살이닷!

적의 머리 한 개를 베는 동안에
많은 적을 사살할 수 있는 것이니,
머리 많이 베지 못하는 것 걱정하지 말라!
그저 사살만 먼저 하라!
힘써 싸운 결과는 내가 직접 눈으로 보는 바가 아니냐.
머리도, 귀도 중요하지 않다.
적병을 사살하라!
전선을 때려 부수라!

그래, 왜병들아 발을 굴러라! 더 크게 통곡하라!
너희들의 통곡만큼 조선의 백성이 그렇게 통곡했었다.
어떠냐? 그 통곡이 가슴이 아프냐? 목이 메느냐?
조선 백성을 울린 만큼 울고 달아나거라!

격분이 치밀어도 싸움이 끝날 무렵,
해가 저물기 시작하고, 산 위의 숲이 울창하다.

더 이상의 공격은 무모하다,
일단 추격전을 중지하고 꾀를 쓰자.

선창에 적선 2척을 남겨두면,
저들이 타고 나오겠지.
그때에 몽땅 쳐부수자.
모자랑포(毛自郎浦)로 이동하여 밤을 지냈다.

왜적선이 겨우 12척이었지만,
험한 산을 끼고 있어 만만찮았지.
왜병의 사상자도 눈뜨고서는 볼 수 없었지만,
리순신 함대에서도 라대용과 리설(李渫)이
화살을 맞아 부상을 당했으며,
리순신 자신도 왼편 어깨에 철환을 맞았다.

피가 발뒤꿈치까지 흘러내렸지만,
끝까지 활을 놓지 않고 독전하다가
싸움이 끝난 뒤에 칼끝으로 살을 쪼개고
이가 으스러지도록 악물고 조총탄환을 파내는데,
그 깊이가 수촌이나 되었으며,
사람들은 이 사실을 뒤늦게 알고 모두 놀랐더라.

34. 합동함대, 전라도수군의 결정체

사량도 뒷 바다는 그나마 조용한데,
척후선이 적막을 깨며
왜선 당포 선창에 정박하고 있다.
정보는 은밀하고도 민첩하게 날아들었다.

당포 선창에 머무는 왜병은 무려 300명쯤인데,
약 반쯤은 성 안에서 노략질과 민가를 불사르고,
나머지 반은 성 바깥의 험준한 곳에다 진을 치고,
조선 수군 함대를 향해서 조총을 어지러이 쏘았다.

판옥선만한 9척까지 모두 21척이 있었는데,
가장 큰 누각선 높이가 30자나 40자나 되니,
아마도 왜적 대장의 지휘선인가 보다.
붉은 비단으로 된 휘장을 두르고,
사방에 누런 글씨를 썼으며,
앞면에는 붉은 일산(日傘)을 세우고,
그 안에 조금도 두려움 없이 서 있는 놈이 있었다.
수군 생활의 경험 있는 유능한 수군 장수였다.

유능한 장수, 수군은 물때의 이용에 있다.

낚시꾼도 알아둬야 세상을 낚을 수 있지.

1일2일 13일14일 인신(寅申)시에 고조, 사해(巳亥)시에 저조;
3일4일 15일16일 묘유(卯酉)시에 고조, 자오(子午)시에 저조;
5일6일 17일18일 진술(辰戌)시에 고조, 축미(丑未)시에 저조;
7일8일 19일20일 사해시에 고조, 인신시에 저조;
9일10일 21일22일 자오시에 고조, 묘유시에 저조;
11일12일 23일24일 축미시에 고조, 진술시에 저조;
25일26일 인신시에 고조, 사해시에 저조 :
27일28일 묘유시에 고조, 자오시에 저조 :
29일30일 진술시에 고조, 축미시에 저조.[24)]
달마다 똑같은 반복이다. 반드시 외워두라.

탐망선을 외양에 배치하여
후방으로부터의 기습을 대비하게 하고,
주력부대는 거북함을 선두로 하여
공격을 개시하도록 하였다.
거북함은 앞장서서 왜선의 누각 대선에 돌진하고,
대포마다 화력을 집중 발사하도록 명령했다.
공격 목표는 적선의 기함이다.

거북함은 누각 대선 밑으로 접근하면서
미르아가리에서 현자철환을 치쏘았다.
천자총통 지자총통에 철환을 쟁여 쏘았다.

---

24) 『紀效新書』 권12 舟師篇 潮信歌: 『壇究捷錄』 권5 東南潮候法.

구백보, 1킬로미터까지 오면 그때에 쏘아라!
대장군전 장군전을 꽂아서 쏘아라!
불을 붙여서 쏘아라! 불화살이닷!

그 누각 대선은 깨어지기 시작하였고,
뒤따른 여러 전선들도 철환과 편전을 쏘았다.
가까이 오면 승자총통을 모두 쏘아라!
대승자 중승자 소승자 별승자 총통을 쏘아라!
콩 볶듯이 쏘아랏! 쏘아랏!

왜적들이 맹렬히 반격해 왔다.
있는 힘을 다하여 총환과 화살로써
그들의 함대에 다가오는 거북함에
집중공격 하였으나, 그 괴물은 끄떡 않았다.
16세기의 해상 괴물, 이른바 무적함(無敵艦)이다.

35. 당항포 해전, 끌어내어 쳐부수다

갑옷 입고 말 탄 1천여 명의 군사가 포진한
당항포 성 가까운 들판의 사람들을 본다.
이글거리는 눈매에서 침착하게 사람을 보내어
그들이 누구인지 동태를 탐문하여 살펴보았다.
함안 군수 류숭인(柳崇仁)이 왜군을 쫓아서
당항포 들녘까지 왔음을 확인하고는 마음을 놓았다.

먼저 전선 3척이 들어가 보아라.
포구내의 지형을 상세히 정찰하라.
만약 왜선에 발각되면 짐짓 물러나라.
겁내는 척하여 포구 밖으로 이끌고 나오라!
우리는 포구밖에 숨어 있다가 그때 요격할 것이다.

정찰선이 황급히 나오면서 신기전을 쏘아 올렸다.
적이 있으니 빨리 들어오라.
전선 4척은 포구에 숨어 있거라.
나머지 전선을 거느리고 포구 안으로 들어갔다.
배들이 뱀처럼 단종진(單縱陣)을 형성하여
소소강(召所江) 서쪽 기슭을 따라 갔다.
모두 검은 칠을 한 26척이 줄지어 대어 있었다.

불당(佛堂) 같이 단청(丹青)하고,
푸른 일산(日傘)을 세우고,
3층 누각의 아래에는 흰꽃 무늬 크게 그린,
검은 휘장 쳐놓고, 휘장 안에는
수많은 병사들이 줄지어 서고 있었다.

깜짝 놀란 왜적선 대선 4척이
포구 안쪽 한 곳에 모이고 있다가
모두 검은 기를 꽂은 채로
조총을 쏘아대며 싸움을 걸어왔다.
'나무묘법연화경(南無妙法蓮花經)' 걸어놓고 싸우다니!

거북함! 돌진하랏!
대포마다 철환을 우박같이 쏘아대라!
대포마다 서까래 같은 불화살을 쏘라!
판옥신! 뒤따라 기서 일제히 쏘아대라!
바짝 조여 에워싸라! 학익진(鶴翼陣)이닷!

장사진(長蛇陣)이닷!
들락날락 번갈아 쏘아라!

불꽃놀이닷! 불꽃이야!
함성은 당항포구를 막아버렸다.
갇힌 왜적선들은 필사적으로 대들었다.
불꽃놀이에 사기충천한 리순신 함대의 군사들은
세계 최강의 군대임을 자랑스러워했다.

우리가 짐짓 전선을 돌려라.
포위를 풀고 퇴각하는 것 같이 보여라.
왜병들은 그 틈을 이용하여 전선을 이동할 것이니,
그 때 좌우에서 협격하여 모두 섬멸한다.
알겠는가?

기만전술의 후퇴닷!
여러 전선을 양쪽 기슭으로 가고,
못 이긴 척 퇴로를 툭 열어주었다.

과연!
꿰뚫어보는 전략이 신비로울 뿐이다.
예측한대로 왜선들은 누각선을 중심으로
중선과 소선들이 날개처럼 벌리어 호위하며
열어준 수로를 따라 줄줄이 나오는데,
그때에 놓칠 수 없는 순간에 덮쳤다.

공격이닷!
명령은 쏜살보다 빨랐다.
미리 배치해 놓았던 좌우의 전선들이 포위하고,
다른 전선들은 불화살을 쏘았다.

돛을 쏘아 맞추어 비단 장막이 불쏘시개가 되었다.

왜적의 누각선은 불타고
지휘하던 장수도 화살에 맞아
바다 속으로 떨어지고 말았으니,
이런 광경은 천하에 없는 구경거리라.
왜적의 다른 대선 4척은 그 틈에 허둥지둥
바깥 바다로 도망치는데,
놓칠새라 전라좌도 전라우도 수군들은
좋은 기회를 놓칠 수야 없지 않은가!
즉시로 포위하여 맹격을 퍼부었다.

지휘관 잃은 왜병들은 기슭을 타고 도망하자,
사기충천한 리순신 함대의 군사들은
창검과 화살 등을 갖고 이를 추격했다.
어느덧 왜적 43명의 목을 베고,
대부분의 왜선을 불태워버리고,
짐짓 한 척만을 남겨 주었다.
그것이라도 타고 나오게.

속싯개의 전설이 살아있노라.
예쁘고 고운 기생 '월이' 가 있었지.
어수룩하게 보이는 청년의 가슴을 더듬으며,
권주가를 곁들여 실컷 마신 술에 잠든 사이
무명비단에 여러 겹으로 싼 보자기를 끄집어내고
열어서 펼쳐 보았다네, 떨리는 손으로.

그림 같은 지도에 화살표가 곳곳에 있고
항구 포구엔 배들이 그려져 있고,
좁은 길, 넓은 길이 쭉쭉 뻗어 있고,
물길도 이 바다 저 바다를 이어져 있네.

그래서 소소강(召沼江) 줄기 따라 난
길 한쪽 끝에 푸른빛의 길 운하를 내어놓았지.
당항포는 고성 남쪽 바다와 하나로 이어졌다.
아! 운하를 만든 월이는 씽긋 웃음 지었다.
왜적이 그 지도에 속았다며 '속싯개' 라네.[25)]

월이야! 월이야!
그대가 진정한 충신이요!
어찌 그런 생각이 났단 말이요. 그런 운하를!
쪽빛보다 더 푸른 붓끝으로
태풍 앞의 촛불을 지켰도다.
월이!

논개야! 너는 알리라, 이 마음을.
사랑하는 사람을 잃은 고통이 어떤지
강낭콩보다 더 붉은 마음으로 사랑을 노래해도
저 세상 간 남편의 복수를 넘어서
한 많은 여인의 사랑을 그었노라!
조국이라는 언덕에.

---

25) 『固城鄕土守護史』(고성향토사료연구회, 1982), p. 243.

36. 율포해전, 끝까지 뒤져라

휴식은 내일을 위한 오늘의 남은 힘의 비축이다.
마루장에서 하룻밤을 지내고
시루섬[甑島] 앞바다에서 진을 쳤다.
휴식은 단지 무기를 사용하지 않았을 뿐이지
눈과 귀를 열어놓고 모든 정보망을 가동하여
근해 일대에 있을지도 모를 왜적선을 수색하였다.

탐망선을 멀리 파견하고,
적선이 보이면 즉시 보고하라!
주력부대는 즉각 출전할 수 있는
만반의 준비를 갖추어라! 반드시.

천성과 가덕 등지로 갔던 곳에서
탐망 선장 진무 리전(李筌)과 토병 오수(吳水)의 보고 :

가덕도 앞바다에서 배 한 척에 적병 3명이 타고 도망하는 것을 추격하여 모두 쏘아 죽이고 머리 셋을 베었는데 하나는 경상우수사의 군관에게 빼앗겼습니다.

분개할 필요 없다. 말을 삼가라!

원균의 만행이 아니라,
그 군관이 한 짓이 아니냐?
너희들이 했던 보고를 내가 알았으니 됐다!
더 이상 아무런 말을 하지 않았다.

자! 수고했다. 리전! 오수!
우리 술을 나누어 마시자!
다시금 가덕 등지를 수색하게 하였다.

적선 한 척이 나타났다!
그 주위에 더 많은 왜선이 있을 것이다. 잘 살펴보라!
역시 영등포 앞바다에 가니,
왜적선 대선 5척과 중선 2척이 있었다.
역풍을 거슬러 율포 앞 바다까지 추격하였다.
왜선들은 배 안의 적재물을 바다 속으로 던지면서
일제히 줄줄이 도주하기 시작했다.
추격하던 리몽구(李夢龜)는 필사적으로 공격하였다.
왜적선의 무너지는 소리가 바다를 덮었다.
포획하고, 깨뜨리고, 불태우고, 왜병들은 사살하고,…

손쉬운 전승은 병력의 우세이다.
가덕 천성 그리고 몰운대 지역을 수색하여도
아무것도 없었다.
아무도 보이지 않았다.
온내량[26] 송진포에서 밤을 지내고,

---

26) '옻내도'의 다른표기 : 溫乃島, 溫川島, 溫川梁, 漆乃島, 漆川島, 漆川梁, 七川島,

마산포 안골포 제포 웅포 등지를 샅샅이 뒤져보고
남포 앞 바다로 옮겨 기다렸다.
다시 송진포로 옮겨 밤을 지냈다.
날마다 새벽은 온다.
웅포 천성 안골포 제포 등지에서도
왜적선의 그림자도 발견할 수 없었다.
당포로 이동하여 밤을 지냈다.

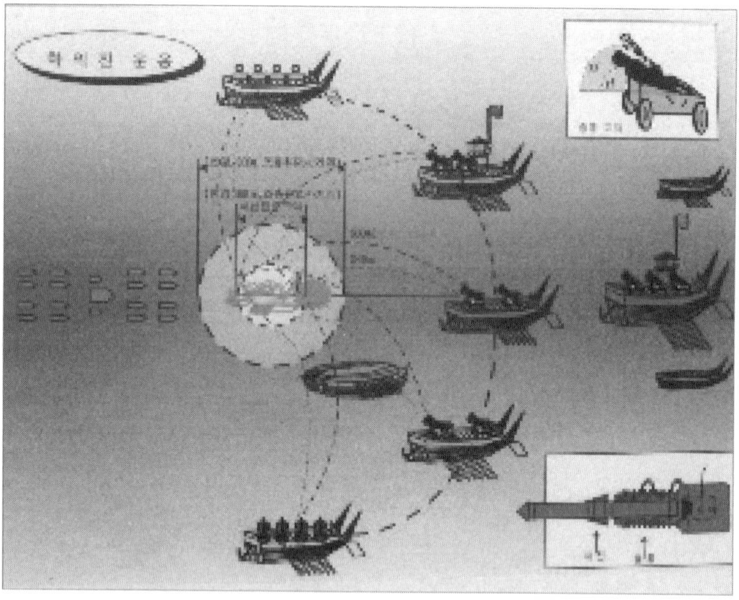

[학익진 운용 전개도]

제5장

임진왜란을 종식시키다

37. 한산대첩, 풍신수길 전략에 사형선고

한 번 승첩으로 방심하지 말고,
군사들을 위로하고,
군비를 다시 정돈하여
급보만 있으면 출전하되
언제나 한결같이 가라고!

상륙한 왜군들이 아무리 날뛰더라도
바다를 가로막으면, 그런 능력에 힘입어
그들 쯤이야 파멸시키고야 말겠다.
소신은 자신의 능력에서 굳혀지며,
능력은 그 소신에서 우뚝 키워진다.

전라좌도와 전라우도 그리고 경상도의 수군을
통합하여 전선 56척으로서 합동함대를 편성하고,
세세한 작전계획을 짜고 약속을 굳게 하였다.

샛바람이 불어도 아랑곳없이 출항하여
해질 무렵에 당포 포구에 이르러
식수와 연료를 준비하고 있었을 때
당포의 머슴꾼 김천손이 적의 정보를 알려왔다.

왜적의 크고 작은 배 약 70척이
오늘 자오선을 넘어 오후 2시쯤에
영등포에서 좁은 물길을 가르며 거제를 지나
견내량(見乃梁)으로 와서 정박하고 있습니다.

목줄에 먼저 핏발이 서고,
얼굴에 경련, 경련이 일었다.
큰소리로 '전투 준비!' '출항이닷!'
밤새도록 응전할 대책을 논의하고 나서,
8일 이른 아침에 견내량을 향해 출항하였다.
왜적들에겐 조선 수군의 동향을 모르게 하고,
견내량 외양에 이르러
왜선의 동향을 바라보니,
왜선 2척이 나왔다가 견내량 북쪽으로 다시 들어갔다.
척후선임에 틀림이 없다.

바짝 나가가서 살펴보니,
왜선의 척수는 대선 36척 중선 24척 소선 13척,
모두 73척으로 김천손이 제보한 말과 거의 같았다.

리순신의 말을 듣지 않고
바로 공격하자고 원균은 우겨댔다.
우수사는 전술을 이렇게도 모릅니까!
짐짓 패한 체하게 하여 유인하여
바깥까지 나오면 학익진을 펴서 두들깁시다.

판옥선 대여섯 척으로 하여금
앞서 들어간 왜선 2척을 추격하라!
왜선이 공격해오면
주력 함대 쪽으로 슬슬 퇴각하라!

기차는 예정된 철길 위로 달린다.
왜적선은 리순신이 꾸민 대로 따라 나오고
이 순간 판옥선 대여섯 척이 슬슬 후퇴했고,
조금 후방에 위치하고 있던 주력 함대는
함께 전술적인 후퇴를 개시하였다.

양쪽 함대의 전선들이 한산도 앞 바다에 이르자,
갑자기 북을 쳤다. 새로운 명령을 내렸다.
모든 전선은 함수를 돌려라!
모든 전선은 학익진으로 벌려라.
선봉선을 먼저 공격하라!

짤막한 명령어가 연이어 내려졌다.
모든 전선은 적선 앞에서 서서히
일대 회전을 하기 시작했다.
지축이 기운 만큼 학익진도 기울여서

왜적선을 비스듬히 보았을 때에
무적함대가 독수리 진형으로 날개를 펴듯이
그 순간에 총통들이 일제히 쏘아댔다.

적진 앞에서의 보란 듯이 춤추듯
획 돌아선 배마다 불꽃이 터졌다.
함수포 좌현포 우현포 모두 쏘아댔다.
판가름의 순간은 언제나 오는 법이다.
선봉선 두세 척부터 쳐부수라!
저들에게 대혼란을 일으켜라!

큰 배부터 공격하라!
층각선을 공격하라!
돌진하라!
철환 비격진천뢰 단석을 쏘아라!
장군전 차대전 피령전을 쏘아라!
이제부터는 쇠뇌를 당겨 쏘아라!
편전을 쏘아라!
장전을 쏘아라!

왜적선을 콱 들이받아라!
대포를 갑판 바닥에 눕혀놓고 쏘아라!
긴창을 현측에서 마구 찔러라!
칼로 목을 쳐라!

중위장 전부장 중부장 우척후장 좌척후장 후부장
모두 모두 자기 자신을 돌보지 않고,

앞장서서 왜의 대선단에 돌입하니,
나머지 장령들도 용감히 돌진하며,
모든 화력을 집중하여 쏘아
층각대선 1척을 나포하고,
층각선과 대선을 쳐부수며 불태우기도 하였다.

점점 왜적의 대선단은 혼란에 빠지며,
우왕좌왕 혼비백산한 최후의 발악만하다가
왜병들은 비명을 울리며 바다 속으로 떨어지고,
거꾸러지는 수는 헤아릴 수 없이 많았다.
겨우 14척이 안골포 쪽으로 달아났고,
4백 명쯤은 배를 버리고 한산도로 도주하였다.

태워라! 불태워버려라!
왜적선 47척이 훨훨훨 불에 탔다. 달아난
왜적선 12척을 온통 그대로 나포하였다.
견내량 내양으로 가서 하룻밤을 지냈다.
한산대첩은 결전전략의 표본이리라.

왜적선 73척은 깡그리 풍비백산 되었다.
풍신수길은 오금을 펴지 못했다.
너는 죽어서도 나를 이기지 못하리라!

38. 쓴맛, 풍신수길의 좌절

척후선의 보고는 틀림이 없었다.
왜선 약 40척이 안골포에 정박하고 있습니다.
해는 서산에 걸려 있고, 역풍이 강하게 불었다.
급할수록 둘러가라고 하듯
온천량에서 밤을 지냈다.

안골포 왜적섬멸 작전 계획 :

우수사 리억기는 포구 외양에서 결진하여
왜선이 오는 것을 미리 막는다.
리순신이 포구 안에서 싸우게 되면
일부의 병력을 복병해 두고
포구 안으로 들어와서 협력한다.
리순신은 학익진을 형성하여 포구 쪽으로 전진한다.
원균은 리순신 함대의 뒤를 따른다.

실전은 연습의 반복이다.
연습은 훈련의 반복이다.
휴일도 없이 활 쏘며, 대포 쏘았던 땀을
이제야 유감없이 실전에 퍼부었다.

전쟁은 임기응변이고, 기만이다.
예정된 계획은 차질이 없이 진행됨은
철저한 준비가 있었던 결과이다.
안골포 포구 안에는 왜선이 42척이다.
3층 누각의 대선 1척이 있고,
2층 누각으로 된 대선 2척이 있는데,
선수는 포구 바깥을 향하여 있고,
나머지 전선들은 포구 안의 한쪽에서
3개 진으로 거만스레 정박하고 있었다.

안골포의 포구는 너무 협소하고 얕아서
판옥선 같은 큰배는 출입하기에 어려워
작전 계획을 약간 변경하였다.
임기응변에도 적시성이 있어야 한다.

조총의 사정권 밖에서 공격한다.
장사진으로 드나들면서 총통을 쏜다.
번갈아 치고 빠지며 계속 공격한다.
빈틈을 조금도 주지 말라!
왜선이 있는 곳까지만이다!

총통은 뜨거웠다.
불같이 달구어졌다.
마그마 같은 불길이 포구를 달구었다.
화약이 불을 낳자
격목이 되받아쳐서 함께 날아갔다.

철환 조란환을 폭우처럼 쏟아냈다.
비격진천뢰를 퍼부었다. 번개처럼 날았다.

살아남은 왜병들은 육상으로 달아났다.
안골포 포구에는 종일 있었던 포성이 멎고,
승리의 함성이 하늘을 찌를 듯 하더니,
바다는 포구를 닮아 평온을 찾았고,
리순신 함대의 모습만이 늠름하게
넓은 바다 위에서 위용을 자랑하고 있었다.

39. 민초 의병들도 일어나 거들다

견내량 대승첩! 안골포 대승첩!
아! 리순신의 그 한산도 대첩!

임금 선조가 정헌대부로 임명하는 교서 :

왜적의 전함을 불꽃 속에 던져 넣음이여,
당항포(唐項浦)에 쌓인 송장 강물을 흐리게 하고,
악독한 적들을 파도 위에서 무찌름이여,
한산섬의 비릿한 피가 바닷물을 채웠도다.

화살 1발도 잃지 않고 완벽한 승리를 거둔 공로
임금의 위엄을 머나먼 지방에까지 떨치었도다.
어찌 한 모퉁이만을 잘 지키었다 할 것이냐!
사나운 저놈들을 어디에서든 넋을 빼앗았으니
온 나라에서 성원해주기에 충분하도다.

장수들은 팔짱끼고 앞다투며 갑옷 버리고
무기 질질 끌며 달아나버리며,
고을마다 중국군의 위엄만 우러러보고,
문을 열어놓아 적을 받아들일 줄만 아는 때에,

아! 그대의 용맹과 강직함이 아니었다면
누가 이 나라와 함께 죽고 삶을 같이 하리요.[27)]

임금과 그 일행이 평양을 출발하여
순안 숙천 녕변 박천 정주 선천을 거쳐
의주에 도착하여 시를 읊었다.

나라는 갈팡질팡 어지러운데
뉘라서 나라 건질 충신이 될꼬!
한성을 떠남은 다음을 도모할 큰 계획이요.
나라의 회복은 그대들에 달려 있나니
국경이라 달 아래 소리쳐 울고
압록강 강바람에 마음 상하네.
신하들아! 오늘이 지난 뒤에도
또 다시 동인 서인 싸우려느냐!

27)『李忠武公全書』卷首 敎諭 授正憲大夫敎書 "投舸艦於烈焰 唐項之積屍渾江 斬鯨鯢於驚波 閑山之腥血漲海 無煩一簇之失 獲收全勝之勳 振王靈於遐荒 奚但作一隅保障 褫兇魄於遠邇 亦足爲諸道聲援… 羣將袖手 爭先棄甲曳兵 列郡望風 只知開門納敵 念非卿之勇烈 誰與國而存亡"

[의병장 곽재우]

구국의 의병들이 벌떼처럼 일어나다.
곽재우 1천 명의 군사로 의령 정암진에서
왜적을 격파하였다.
정인홍은 합천에서
김면은 고령에서
권응수는 영천에서,
성천유는 창녕에서
향토병을 모집하여
하나 된 의병으로 싸움에 나섰다.

고경명은 광주에서
류팽로는 옥과에서 려산으로

안영과 량대박은 남원에서
김천일은 나주에서
강희열은 순천에서
변사정은 남원에서
맹세하며 격문 뿌려 서로 호응했다.

조헌은 충청도에서
홍계남은 경기도에서
병마평사 정문부는 함경도에서
조호익은 평안도 강동 귀양살이에서
리정암은 황해도 연안 옛 벼슬자리에서
73살의 늙은 스님 휴정은 묘향산에서 내려와
사명, 처영 등 제자들에게 승군을 동원하여
전국에서 벌떼처럼 일어났다.
일어났다. 일어났다.

40. 왜놈의 소굴을 쳐부술 전략회의

군량확보는 전쟁 준비의 으뜸요소이다.
지금 군량이 부족하다니, 안될 말이다.
구하라! 그러면 얻으리라!
먼저 가까운 적부터 무찌르고 길을 찾아보자.

바다에서 보급로를 끊었다.
더 진격하지 못한 왜적들은 나날이
부산으로 부산으로 내려오고 있다.
기회는 언제나 오는 법이 아니다.
이때다. 그들은 지금 도망가고 있다.
틈 보아 수륙합동으로 섬멸하면 승리한다.

경상우도 순찰사 김수에게도 연락하고,
경상우수사 원균에게도
전라우수사 리억기에게도
공문으로 동시 출전을 약속하여
합동함대를 편성하니 웅장하도다.

수색 작전이닷!
대부분의 전선을

가덕 북쪽 서편 기슭에 은폐시켜 두고
리순신(李純信)과 어영담을 가덕 외양에 잠복케 하고
양산 등지의 왜선을 정탐케 해놓고서
일단 천성 선창으로 이동하여 밤을 지내며,
적진 앞에서 은밀한 함대 이동이었다.

41. 부산포, 왜적 소굴을 쳐부수다

우주를 깨우는 소리 있어
초조히 기다리던 첫 닭이 운다.
낙동강 하구에 이르렀을 때,
왜적선 6척이 양산에서 나왔다.
장림포에서 뒤늦게 나오다가
龜艦! 거북함 깃발을 본 왜놈들이
배를 버리고 서른 명쯤이 강 언덕으로 도망갔다.

추격하라!
불태워 버려라!
왜적선 6척 모두 불타 없어졌다.

부산은 왜적의 근거지가 되어 있으니,
그 소굴을 송두리째 없애버려야만
적의 간담을 꺾을 수가 있을 것이다.

9월 초하루 첫 닭이 우는 소리는 맑았다.
모든 함대는 가덕에서 부산포로 진격하였다.
몰운대 끄트머리에 갑자기 이는 샛바람이
파도를 불러와 꿈틀대며 넘늘거렸다.

배는 어지럽고 이물은 두통처럼 아프다.

간신히 배를 가누며 함대의 진형을 갖추었다.
파도는 1초라도 배를 가만두지 않는다.
인내심을 키우고, 저항력을 키운다.
그래서 바다는 마음을 바다로 만든다.

처음 가보는 화준구미에 이르렀다.
왜적의 대형선 5척이 있었다.
조방장 정걸 등이 몽땅 쳐부수었다.
다대포 앞바다에 이르렀다.
왜적의 대형선 8척을 몽땅 불태워버렸다.
서평포 앞 바다에 이르렀다.
왜적의 대형선 9척을 쳐부수었다.
절영도에 이르렀다.
왜적선 24척을 불태워버렸다.
왜병들은 이미 산으로 달아나버려
하나도 사살하지는 못하였다.

다시 수색이닷!

부산포로 가자! 왜적들 소굴로.
탐망선의 보고닷!
왜적선 5백여 척이 선창 동쪽에 대어있고,
앞장선 대선 4척이 멀리 초량 동쪽에서 나오고 있음.

공격은 이때다.
결단의 순간은 여유롭지 않다.
우리 수군의 위세를 가지고
지금 공격하지 않고 돌아간다면,
반드시 왜적은 우리를 더 멸시할 것이다.
이곳에서 싸워서 전멸을 당할지언정
싸우지 않고 돌아가지는 못한다.

독전기를 힘차게 휘둘러라!
총공격이닷!
명령은 내려졌다.
독전기는 바람에 나부끼고
장수들의 용맹은 하늘을 찔렀다.
우부장 정운, 거북함 돌격장 리언량,
전부장 리순신(李純信), 중위장 권준, 좌부장 신호
차례대로 앞장서며 나아갔다.

이때 밖으로 나오던 왜대선 4척과 무닞쳤다.
맨 앞에 돌진하던 리언량 리순신(李純信) 정운
그리고 여러 장수들은 일제히 함성을 올리면서
맹렬한 공격을 폭우처럼 퍼부었다.
왜적의 대선 4척을 때려 부수고 불태웠다.

배만 쳐부수라!
배만 깨부수어라!
왜병들이야 나중에 죽여도 된다.
왜적선만 박살내라!

포구로 들락날락 장사진이 바빴다.
판옥선들이 치고 빠지고, 치고 빠지고,
왜병들은 안택선에서 바다로 뛰어들고 뛰어들고
헤엄쳐 육상으로 육상으로 도주하였다.

대포소리는 천지에 진동하고
불타는 화염은 천지를 뒤덮었나.
발악하는 왜적의 울부짖는 소리는
아비규환 지옥을 옮겨다 놓았다.

42. 정운 장군의 순국을 슬퍼하며

자랑스런 정운! 그대가 죽으니,
이제 큰 걱정이 덜어졌다고
왜적들이 좋아한다네.

어허! 인생에는 반드시 죽음이 있고
죽고 삶에는 반드시 천명이 있지.
사람으로서 한번 죽는 것은
진실로 아까울 것이야 없지만
오직 그대 죽음에 마음 아픈 까닭은

나라 운명이 불행하여 섬놈들이 쳐들어와
영남의 여러 성이 소문에 힘없이 무너지며
몰아치는 그들 앞에 어디고 거침없이
우리 도성 하루 저녁 적의 소굴 되었도다.

천리길 관서 평안도로 님의 수레 파천하시니
북쪽을 바라보며 슬픈 분노로 간담이 찢어지네.
슬프다! 나의 못난 재주로 적을 칠 길 없던 터에
그대와 함께 어려움을 의논하며,
구름을 헤쳐 해를 보듯 밝았도다.

계획 세워 칼 휘두르며 배를 잇대어 나갈 적에
죽음을 무릅쓰고 돛을 올려 앞장서 달리더니
왜적들 수백 명이 한꺼번에 달려들어 피 흘리며
검은 연기 슬픔에 찬 구름이 동쪽 하늘을 덮었구나.

네 번이나 이긴 싸움 그 누구 공로던가.
종묘사직을 회복할 날을 기약할 만하더니
어찌 뜻했으랴!
하늘이 돕지 않아 적탄에 맞을 줄을
저 푸른 하늘이여! 까닭을 알지 모르겠구나.

배에 돌아와 다시 싸워 원수 갚자 맹세했는데
날은 문득 저물어지고 바람조차 순조롭지 않아
소원을 이루지 못했으니,
평생에 통분함이 이 위에 더할까보냐.

여기까지 읊고 나니 살 에듯 아프구나.
믿는 이 그대려니 앞으로는 어찌할꼬.
진중의 장수들이 애석하게도 여기는데,
늙으신 어버이를 그 누가 모시리요.

황천까지 미친 원한 눈을 언제나 감을꼬.

어허! 슬프도다. 어허! 슬프도다.
그 재주 다 못 펴고 그 덕은 높되 지위 낮아
나라는 불행하고 군사 백성 복이 없어
그대 같은 충성과 의리는 고금에도 드물거니,
나라 위해 바친 몸은 죽었어도 살았도다.

한 많은 이 세상에 누가 내 맘 알아주랴.
슬픔 참고 정성 들여 한잔 술을 바치노라.
어허! 슬프도다. 참으로 슬프도다.[28)]
가눌 수 없는 이 슬픔을 하늘에 맡기나이다.

평소에 늘 '물러나 욕되게 사는 것보다
나아가 영광스럽게 죽는 것이 옳다' 고 하던 말
아직도 따뜻한 찻잔 속에 맴도는데,
그때 이미 오늘을 두고 한 말이던가.

28) 『李忠武公全書』 권1 雜著 祭贈參判鄭雲文.

충무공 최고의 보좌 장수 정운 장군

[한산도 진중에서의 생활]

제6장

아! 삼도수군통제사

43. 실전으로 다져진 전시 대책

마마! 친족에게 연대 책임을 시행한다 하시었지요?
그 명령을 제발 취소해 주시기를 청하옵니다.
백성을 생각하시는 분부에는
신하된 자로서 감격에 넘치는
눈물을 뿌리지 않은 사람이 없었습니다.
백성들을 위한 명령이라면
오늘과 같이 위급한 때를 당해서는
평상시의 한 명이 백 명을 당해내는 것인데,
그 명령이 내려지고 나서부터는
너도나도 모두들 빠져나갈 것만 생각뿐
정말로 이를 어찌하리까.

수군에겐 더욱 곤란합니다.
군사를 모집하는 벼슬아치야!
제발 내려오지를 말아다오.
잇따라 와서는 육지와 해변을 가리지 않고
마음대로 인원수를 배정해 놓고서
데리고 갈 뿐 아니라,
현재 수군 병졸들까지 뽑아가고,
의병들도 장정들을 데리고 가니,
겨우 남아 있는 사람들이라고는
늙고 병든 백성들밖에 없나이다.

백성들이 한숨짓고 원망하는 소리가
가는 곳 곳곳마다에서 들려오고,
국토 수복의 기약은 어긋나고 있나이다.
바닷가 한 구석의 외로운 신하로서는
북쪽을 바라보며 한숨짓기에
손은 죽고 등신만 남았습니다.

일에는 가볍고 무거운 것이 있고,
시기에도 급하고 서서히 할 것이 있지요.
한 때의 폐해를 덜고자 하다가
끝없는 후회를 초래해서는 아니 됩니다.
부디 친족에게 연대책임을 시행하지 말아주세요.

우리나라 사람들은 겁쟁이가 열에 연아홉이요,
용감한 자는 열에 한 둘인데
평상시에는 분별할 길은 없고
서로 섞여 살고 있다가
무슨 소문만 들려오면
문득 도망갈 생각만 일으켜
놀라 덤비며 달아나므로,
설사 용감한 자가 있다 한들
혼자서 어찌 칼날을 무릅써 가며
죽음을 걸고 싸울 수가 있겠습니까.

전쟁은 입씨름으로 하는 것이 아니라,
군사들의 실력으로, 무기의 성능으로 합니다.

44. 천자의 군대[天兵] 지원, 잇몸이 시릴까봐

압록강을 사수하라!
조선에 왜란이 일어났다.
료동의 총병관 양소훈의 지휘 아래에
광녕유격 사유, 독전참장 대조변, 료동부총병 조승훈,
광녕유격 왕수관, 원임참장 곽몽징 등 3500명이
6월 7일부터 료동을 출발하여
7월 10일에 압록강을 건너왔다.
12월 25일에 제독 리여송이 4만3천 명을 거느리고
압록강을 건너오니
의주에 피란간 선조는 반가이 맞았다.

리여송은 본시 조선 사람이었다.
병마사 리일, 방어사 김응서, 승군 서산대사는
협력하여 평양성을 다시 빼앗고,
기세도 장하게 덤비던 소서행장을 격퇴시켰다.

소서행장의 군대는 대동강 이남으로 후퇴하고,
흑전장정과 가등청정이 거느린 왜군들은
물러나 모두 한성으로 집결하였다.

자신만만하게 남진하고 있던 리여송은
벽제관 전투에서 패배하게 되자,
다시 개성으로 퇴각하고 말았다.

권률 장군은 1500명의 군사로써 행주산성에서
일본군 약 3만명을 격파하고서
파주로 진군하여 임진강 이남 지역을 확보하였다.
왜군의 지상군 세력을 완전히 좌절시키었다.

45. 풍신수길, 조선 수군을 보면 도망가다

1월 22일에는 중국의 리여송이 대군을 거느리고
평양 황해도 그리고 한성을 차례로 수복을 하려고
진군을 하면 왜군들이 도망갈 것이므로,
그대는 수군을 지휘하여 왜군의 귀로를 차단하고 전멸하라.

1월 25일에는
리여송이 평양을 수복하고 계속 진군하니
그대는 수군을 정비하여 해전으로써
모조리 무찔러 나라의 치욕을 크게 씻도록 하라.

선조는 수군을 다그치며 출전 명령을 내리네.
언제 군사 한 명이라도 보충해 주었는가?
쌀 한 톨, 보리쌀 한 톨인들 보내기는 해보았는가?
전쟁 물자 한 가지 한번이나마 지원해 주겠다는
그런 말이라도 해본 적이 있는가?
아! 전쟁이 끝나는 날까지 한번도
한번도 지원받은 적이 없었다.

전쟁은 명령을 하는 것이 아니다.
군대는 상명하복만이 있는 조직이 아니다.

명령에는 가장 기본적인 군사적 요건이
국가적 차원에서 지원되어야 하며,
적극적 지원은 최고 최상의 군대로 될 것이다.
물론 잘하는지의 확인도 뒤따라야 한다.

이런 기본적인 요구가 미치지 않는다면,
어떤 전략의 수행도 승리로 이끌지 못할 것이다.
빈 말뿐인 요구에 충성할 사람은 아무도 없다.

그런데 정말 아무 것도 없었다.
지금까지 이미 파면을 두 번이나 했다.
앞으로 어떤 불이익이 닥쳐올지도 모른다.
그래도 스스로의 힘이 미치는 데까지
최선을 다하여 전비태세를 강화하였다.

무엇이 리순신으로 하여금 이런 충성을 가능케 할까?
어떤 가치관이 리순신을 그렇게 하도록 했을까?
어떤 철학이 리순신을 그토록 아름답게 만들었을까?

조선의 수군은 일방적 해전을 했지만,
아직도 남아있는 왜적들을 쳐부수는 것에
아쉬웠던 지상군의 지원이 늦게나마
이루어지는 것 같아 희망을 갖게 되었다.

갈망의 꿈은 이루어지는가?
지상군의 지원을 받아
이제는 왜군을 수군과 육군이 함께

협공하여 전멸시킬 수 있다.
참으로 반갑고 반가웠다.

맞바람 받으면서 힘들게 항해했다.
날이 저물어 사량 해상에 밤을 지냈다.
바다의 밤은 은빛이다.
은빛은 은하수로 술을 담았다.

웅천의 적들이 부산 항로를 누르고,
험한 지형에 웅거하여 배를 감추고,
소굴을 많이 만들고 있으니,
먼저 제거해야 할 대상을
이곳의 왜적으로 택했다, 우선적으로.

왜적들은 슬슬 해전을 피하고,
리순신 함대를 보기만 하면 달아나,
그들이 쌓은 성안에서 몰래 다니면서
바다 바깥으로는 아예 나오지 않고,
산기슭에 쌓은 성을 이용하여
그들의 전선을 엄호하면서
핑핑핑 조총을 쏘아댔다.

육시의 후방에서 공격을 노와주면
쉽게 처부술 수 있는 상황이었다.
육군 지원의 아쉬움을 남긴 채,
수륙합동작전의 필요성만이
다시금 증명되었다.

왜적들은 겁을 집어먹었다.
경선(輕船)만이 포구 밖으로 나오다가
다시 안으로 얄밉게 쏙 들어가버린다.

동서로 이어진 산기슭의 성 위에는
깃발이 총총 꽂혀 있고,
조총을 쏘아대면서 교만을 떤다.

두 번이나 꾀어서 끌어내도
나올 듯, 나올 듯하면서도
우리 수군을 겁내어 들어가버리니,
끝내 모조리 잡아내지 못한 것이 통분하다.
유인에 걸려들지 않아 안타까운 심정이
소진포의 오후에 배를 돌려 밤을 지냈다.

웅천 깊숙한 포구 안에서 왜군을
치고 빠지는 공격을 해대며
요리조리 유인했으나, 역시
왜적들은 전날처럼 조총만 쏘아댄다.

더 이상의 화약도 대포도 어떤 탄환도
소모하기는 아까워 통분한 심경을 간직한 채,
전선들을 칠천도로 되돌려 왔다.
부하들의 잘못은 모두 제가 책임집니다.

46. 상륙작전, 성공과 아쉬움의 미련

하늬바람이 세차게 불어 출항하지 못했다.
이튿날 새벽녘에 사화랑을 무리하게 떠나
샛바람을 받으면서까지 진격하였는데,
교전하자 바람이 세게 불었다.
싸우던 전선들이 서로 맞부딪쳐
파손될 지경에 이르게 되니
아! 전투를 계속할 수가 없었다.

무리는 합리적이지 못하다.
합리성의 부족은 기습도 무시당한다.
지나친 공격은 도리어 손해를 입을 것을 우려하여
전투 중지!
징을 울리고, 호각을 불며,
초요기를 세웠다.

모여라!
작전토의 다시 한다!
의승장 삼혜와 의병장 성응지는 서쪽의 제포로 상륙,
삼도의 전선 일부를 동쪽의 안골포로 상륙,
삼도의 경쾌선을 5척씩을 뽑아 웅포로 돌진한다.

나머지 전선들은 주력부대의 뒤를 따라 웅포로 전진한다.

주력부대는 돌진하였다.
지자총통 현자총통에
철환을, 조란환을 계속 쏘았다.
왜적은 맞는 쪽쪽 헬 수 없이 다치고 죽었다.
동쪽 서쪽으로 상륙한 의승병과 사수들도
창과 칼을 휘두르며, 또 활과 총을 쏘아
왜병을 닥치는 대로 사살하였다.

웅포의 낮은 길고 밤도 길었다.
악천후는 웅포의 왜적을 도왔지만,
총통에 철환 조란환을 우박처럼 쏟아내고,
쇠뇌는 석궁보다 빨랐다.
중완구의 비격진천뢰는 사람이 만든
박격포에 실어 하늘에 보낸 벼락이다.

중국 군사는 아직까지 머뭇거리는데,
부질없이 도망간 적선만 불태워버린다면,
왜적들은 반드시 갈 길을 잃게 되어
최후 발악이 우리 백성에게 미칠 것이다.

왜적선, 우선 남겨두라!
왜놈을 살려주고 싶어서가 아니라,
우리 백성이 피해 입을까 두렵다.
왜군의 동정을 살피고 있다가
바다로 나오면 그때 몰살하련다.

47. 빈틈없는 해상수색 작전

그대는 수군을 정비하여
서로 도와주려오는 왜선을 쳐부수어
함부로 상륙하지 못하도록 하라.

중앙조정의 명령은 무섭다.
현장을 모르는 명령은 더욱 무섭다.
적시성이 없는 명령은 더더욱 무섭다.
역시 현장 지휘관이 모든 걸 결정해야 한다.

중앙조정에서는 전쟁물자의 보급을 추진하고,
정탐한 최근의 정보만을 신속히 제공하면,
기습된 적군의 공격에는 즉각적으로 반격한다.
이미 전쟁 중에는 어떠한 적군도 격멸해야 한다.

강화회담으로 휴전이 이루어져도
아국에 있는 적군은 남겨둘 수 없다.
떠나가지 않는 적군은 사살해야 하고,
인간애란 이름으로 곡물을 넘겨줄 수는 없다.

산처럼 높은 파도를 헤치면서

간신히 미조항에 이르렀다.
이튿날 사량도 해상을 지나고,
당포를 거쳐서 걸망포에 갔다.

조심스럽게 수색작전은 계속되었었다.
유자도 칠천도 유자도 거제도를
쉬지 않고 번갈아 수색하는데,
충청수사 정걸이 와서 합세하였다.
세포 오양역 견내량 불을도를 수색하고,
한산도에서 수없이 드나들면서 살펴보았다.

48. 한산도로 전진배치

14일에는 한산도 둘포[豆乙浦]로 진을 옮기었습니다.
신의 생각으로는 요로(要路)를 고수하여
평안히 있다가 피로한 적을 기다려
먼저 선봉을 깨뜨리면,
비록 백만의 대적이라 할지라도
기운을 잃고 마음이 꺾여서
도망하기에 바쁠 것이며,
더구나 한산도 앞바다는 아시다시피
지난해에 우리가 대적을 섬멸시킨 곳이므로,
이곳에 주둔하고서 그들의 동태를 기다려
한 마음으로 협공하기로 죽기를 각오하였습니다.

한산도는 거제도 남쪽 30리에 있는데,
산이 바다 구비에 둘러 싸여
안에서는 배를 감출 수가 있고,
밖에서는 그 속을 들여다 볼 수 없습니다.
왜선들이 전라도를 침범하려면,
반드시 이 길을 거치게 되는 곳입니다.

생각하면 호남은 나라의 울타리이므로,

만일 호남이 없으면
그대로 나라가 없어지는 것입니다.
그래서 어제 진을 한산도로 옮겼으며,
이로써 해로를 가로막을 계획입니다.

한산도는 조선의 서해 어귀에 있는 섬이며,
오른쪽으로는 남원을 가리고 있어서
전라도의 바깥울타리가 되었습니다.
그런데 한 번 수비를 그르치고 보니,
연안 해역이 무방비 상태가 되어
천진 등주 래주에도 돛만 올리면
곧장 쳐들어올 수 있게 되었습니다.
그래서 중국 수군 3천명이 처음으로
려순에 도착하여 와 있습니다.
불행히도 한산도가 함락되자,
경략은 서울 서쪽의 한강과 대동강을 수비하여
왜군이 서쪽으로 내려오는 것을
억제함과 동시에 물건을 실어나르는 뱃길을
빈틈없이 방비하도록 격서를 띄웠습니다.

전라좌수영을 떠난 지 5달이나 되었다.
사기가 풀어지고 용기도 꺾였다.
유행병이 크게 번졌다.
군사들이 반쯤이나 전염되었다.
죽어가는 사람들이 계속 늘어났다.
군량은 바닥이 나 굶고 있다.
굶던 끝에 병나서 죽게 되니,
군사들의 수는 날로 격감하니,
아! 다시금 보충할 사람이 없다.

신이 거느린 수군만도 사부와 격군을
합해봐야 6200명 남짓인데,
지난해와 올해에 싸우다가
죽은 자와 병으로 죽은 자가 6백 명쯤이 되었다.
이제 군사들이 하루에 두세 홉밖에 먹을 수 없다.
채울 배는 너무도 비어 있다. 고프다.
주리고 피곤함이 겹쳐서
활을 당기고, 노를 젓기에
도저히 너무 힘이 부친다.

49. 통제사, 삼도수군을 지휘

한산도는 눈물겨운 바다다.
밤을 잊고 토의하는 운주당이 촛불에 밝다.
가을 기운이 바다에 들어오니,
나그네 회포가 어지럽다.
홀로 뱃전에 앉아 있으니,
마음이 무척 산란하다.
달빛은 뱃전에 비치는데,
정신은 말똥말똥 더 맑아져
잠을 이루지 못하는 사이에
어느덧 장닭이 새벽을 물고 왔다.

까치가 낭게에서 짖어댔다.
기쁜 소식일까?
낭게 끝에 앉은 까치는 날아가버린다.
한산도에 수군기지를 옮긴 지 보름째
충청 전라 경상 삼도의 수군을 총지휘하는
삼도수군통제사라는 직책이 새로 만들어져
임명장이 내려왔다.
전라좌수사를 본직에 둔 통제사를 겸하노라.

오직 그대는 일생에 굽히지 않는 절개를 지켜,
나라의 만리장성이 되었다.
남은 군사들을 끌어 모아라.
전라도와 경상도의 요로에서
강대한 침략군을 요격하여
한산과 당항포에서 대첩을 세우고,
힘써 일한 공로가 모든 군대에서 뛰어나서
표창하고 승직함이 대첩에서 거듭 빛났도다.

돌아보건대, 군사상 가장 걱정스러운 것은
지휘할 사람이 없었는데,
서로 각각 제 형편만 지킨다면,
어찌 팔이 손가락 놀리듯 할 수 있으며,
또 서로 겸직하지 않았다면
앞서거니 뒤서거니 앞 다투어
도망가는 폐를 면하지 못했을 것입니다.
그러다가 마침내 위급함을 만나면
조처할 방도가 없을 것이니,
하물며 이제 적의 형세가 쇠하지 아니 하여
속이고 거짓함이 갈수록 더해 가는 것임을 어찌 하리요.

새벽 꿈에 큰 대궐에 이르렀다.
모양이 마치 서울과 같았다.
류성룡이 와서 인사를 하기에
나도 성큼 답례를 하였다.
임금이 피하신 일에 대하여
서로 주거니 받거니 이야기하다가

눈물 뿌려가며 탄식할 적에
벌써 적의 형세는 끝났다고 하였다.
서로 일을 의논할 즈음에
옆에 있던 사람들이 구름처럼
모여드는 것을 보고 잠을 깨었다.

삼도수군통제사를 겸하라는 분부는
변변치도 않은 신에게 내리시니,
저 같이 용렬한 사람으로는 감당하지 못합니다.
놀랍고 황송하여 깊은 골에 떨어지는 듯합니다.
애타고 민망함을 충성으로 나라 건지겠습니다.

50. 운주당, 난국을 건지는 마당

왜적들은 웅천 창원 김해 곳곳의
포구 안에서만 우글거리며
장기적인 작전에 들어갔다.
화의교섭이 이루어진다는데도
경계심을 조금도 늦추지 않았다.
척후선을 보내어 왜적 동태를 알아보고,
잠잘 때에도 허리띠를 풀지 않고
겨우 몇 시간 눈을 붙였다가는
그대로 일어나 앉았다.
운주당에 장령들을 불러 놓고
작전토의 하니 날이 밝아왔다.

아침에 탐후선이 들어왔다.
아내의 병세가 아주 위중하단다.
생사간에 벌써 결딴이 났을까?
나라일이 이 지경이 되었으니,
다른 일에는 생각할 여유가 없다.
다만 아들 셋, 딸 하나가 걱정이다.
어떻게 살아갈꼬. 어떻게!
가슴은 아프고 답답하다.

불안하다. 점이나 쳐볼까?
앉았다 누웠다 잠을 이루지 못하고
촛불을 켠 채 밤을 새웠다.
이른 아침에 세수를 하고,
조용히 앉아 정신을 가다듬었다.

아내의 병을 점쳐 보았다.
중이 속세로 돌아 온 것 같다.
혹시나 오늘 기쁜 소식을 들을까?

51. 둔전, 내버려둔 경영을

전쟁 소강상태에 들어갔다.
한 사람의 노력과 일각의 시간이라도
둔전치고 군량 확보에 나서야 한다.
고기를 잡게 하였다.
소금을 굽게 하였다.
질그릇 사기그릇을 만들게 하였다.
군사의 보충도 훈련강행도 해야 한다.
총포를 제조하고 전선을 건조하고
전력 증강에 총력을 경주하였다.

아! 안타까운 일이다.
전염병이 크게 번져서 병졸의 태반이 드러눕고,
날마다 죽어 나가는 사람이 끊이지 않는데다가
군량마저 달려서 이제 굶주릴 판이다.
이 위기를 어떻게 헤쳐 나갈까.
방법이 묘연할 따름이다.

경상우도에는 군량이 거의 거덜났다.
군사도 군량도 내놓을 도리가 없습니다.
아무리 배가 많은들 격군이 없으면 어떻게 부리며,

아무리 격군이 채워진들 군량 보급이 없고서야
무엇으로 군사들을 먹이겠습니까.
하도 답답하여 참을 수가 없습니다.

한 통 막걸리를 냇물에 부어 온 군사들이 그 물을 마셔
누구나 골고루 혜택을 받도록 해주었던 리더십이여![29)]
월왕의 구천(勾踐)만이 그렇게 한 게 아니었노라.

---

29) 『李忠武公全書』卷首 遣宣傳官勞軍 敎書 "於戱簞醪投河"

[휴가 가서 홀어머니에 효도하는 장면]

제7장

조선에는 내 나라 땅 아닌 곳 없다

52. 창의적으로 군비 강화

여러 번 큰 전투를 겪었습니다.
왜군의 조총을 얻은 것이 많습니다.
낮이면 눈앞에 두고
밤이면 머리맡에 놓아두고
그 묘법을 찾아내어 실험했습니다.
조총은 총신이 기니 총구멍이 깊고
총구멍이 깊으니 위력이 강합니다.
위력이 강하니 맞기만 하면 아무것도 견디지 못합니다.

우리의 승자총통 쌍혈총통을 볼라치면
총신이 짧으니 총구멍이 얕습니다.
총구멍이 얕으니 위력도 약합니다.
조총보다 못하고 그 소리도 작습니다.
위력이 약하니 맞추었어도 크게 손상주지를 못합니다.

저의 소망이 늘 조총을 만드는 것이었지요.
군관 정사준이 그 묘법을 알아냈습니다.
낙안군수 리필종, 순천에 사는 종 안성,
김해 절종 동지, 거제 절종 언복을 데리고 와서
정철을 두들기고 두들겨서 만들어냈습니다.

정철총통을 만들었습니다.

실험으로 쏘아봤습니다. 정철총통을!
위력은 조총보다 강하였습니다.
같은 모양으로 만들어 사용하고,
그 견본과 주조법을 모든 지휘관들에게도 보냈습니다.
하루 빨리 많이 만들어서
왜적에게 대비하도록 조치하였습니다.

화약을 아무리 생각해도 구할 길이 없습니다.
본영에서도 구워서 쓸 수 없습니다.
마침 군관 리봉수가 그 제조하는 법을 알아내어
석 달 동안에 염초 1천 근을 구워 내어서
본영과 각 관포에 나누어 저장했습니다.
다만 석유황은 날 데가 없습니다.
부디 1백 근쯤 내려 보내주소서!
전투현장의 고초를 부디 알아주소서!

석자 칼로 하늘에 맹세하니
산도 강물도 벌벌 떠는구나.
한 번 휘둘러 쓸어버리니
산도 강물도 피로 물들이도다.[30)]

---

30) 『李忠武公全書』 권1 雜著 "劍銘 三尺誓天山河動色 一揮掃蕩血染山河"

53. 현실 적용의 과거 시험

역경 곤경은 극복의 대상이요,
군비의 강화는 목숨을 지키는 보장이다.
군사들은 군비를 운용하는 두뇌이니,
두뇌는 철저한 훈련으로 무장되어야 한다.

해전에서 몸으로 익힌 기술은
전투를 겪어봐야 목숨의 귀중함을 안다.
전쟁을 겪어놓고도 참전용사를 홀대하지 말라.
개인의 명예를 국가에 겹치지는 말아라.

잘 훈련된 군사가 절실히 필요한데,
이들 군사들을 어떻게 확보할까?
일정한 시험을 보여 승진 기회를 주자.
개인의 탁월한 능력은 국가에 겹쳐져야 한다.

듣건대, 전주에서 시험장을 열라고 하였다.
바다에 있는 군사들은 물길이 멀고
기일 내에 도착하기 매우 어렵고
적과 대진해 있는 이때에
뜻밖의 일이 있을지도 모르니,
정예군 용사들을 일시에 내보낼 수는 없지요.

조금만 바꿉시다!

조금만 생각을 바꾸어 봅시다.
멀리 가지 말고 그 진중에서 시험치게 합시다.
바다는 말 타고 싸우지 않지요.
바다는 배타고 싸웁니다.
그러면 답이 나오지요.
말 달리면서 활 쏘는 것을 대신하여
편전을 쓰는 것으로 시험받게 합시다.
먼 바다에 떨어져 있는 섬에는
말을 달릴만한 땅이 없어요!

한산도에서 시험장을 개설하였다.
참시관과 시험관을 정하고,
사흘 동안의 시험을 치고,
1백 명의 합격자를 내었다.
군사들은 바다를 흐뭇한 마음에 담았다.

오늘밤 꿈속에 여러 사람이 나타났다.
모두들 원통하다며 호소하였다.
너희들은 왜 그러느냐?
오늘밤에 전사자와 병사자들은
모두 다 제삿밥을 얻어먹었는데,
우리들은 그 속에 들지를 못하였나이다.
너희들은 무슨 귀신이냐?
물에 빠져 죽은 귀신입니다.

깨어나서는 즉시 일어나 제문을 보았다.
물에 빠져 죽은 귀신에 대한 제문이 없었다.
그 제문을 고쳐서 고이 제사 지내주었다.

54. 명령계통, 지휘의 일원화

군대는 상관의 명령으로 죽고 산다.
연해안의 관찰사 병마사는 임의로
중국군의 명령이라 빗대어서
마구잡이로 군사들에게 연습시킨다든가,
복병을 파수케 한다든가,
의병군으로 활용하게 한다면서
연해안의 군사들을 징발하여
육상 전투에 참가시키었다.

군사들에 대한 명령은 혼란했고,
해전은 어렵고 육전은 쉽다하여
육전으로 나가는 실정이니,
수군 지휘관인들 이를 막을 수 없지요.
지방마다 수군 관할 지역이 아니라는 핑계로
군사적으로 중대한 일까지도 내버려두었다.

방어사나 병마사들은 육전 하는 대장이니,
육군을 5천 명씩 준비하는 것쯤이야 어렵겠냐만,
수군은 바닷길로 끊어져 막혀 있어,
그 방비하는 책임이 너무 달라
바다를 떠나 육지로 올라오라는 말은
실로 좋은 계책이 아닌 게라우.

55. 효성, 작은 정성이 서린 마음

한산도는 늘 긴장의 귀항이다.
어머니 보고파 가는 길은 멀고
곰내골[古音川 熊川]로는 가야 하리.
인자하고 엄격한 보고 싶은 어머니!
왜란이 일어나자 믿음직한 아들 가까이에서
정담도 못 나눈 피난살이의 노령 79살.

전쟁은 내일이면 서로 못 볼 수 있음에
부모보다 먼저 떠날 수 있는 불효가 염려되어
아들의 출전하는 뒷모습을 보는 어머니 생각에
한번만이라도 더 보고 싶은 심정이 치민다.
아! 그래도 위급한 나라의 앞날을 걱정함이여!
스스로 외로움을 참고 견딤은 차라리 지옥이다.

잘 가거라. 나라에 욕됨을 크게 씻어라!
하시던 어머니 말씀이 귀에 쟁 합니다.

세상일이란 부득이한 경우도 있고,
정에는 더 할 수 없는 간절한 대목도 있지요.
정으로써 이럴 때는
차라리 나라 위한 의리에는 죄가 될지라도
어버이를 위하여서는 어쩔 수 없나 봐요.

이 용렬한 사람이 무거운 소임을 맡아도,
일에는 허술히 해서는 안 될 책임이 있고,
몸은 자유로이 움직일 수 없기에
부질없이 어버이 그리운 정곡뿐입니다.

자식 걱정하시는 마음을 위로 못 하니,
아침에 나가 미처 돌아오지만 않아도
어버이는 문밖에 서서 바라본다 하거늘,
하물며 못 본 지 3년째나 되었습니다.

얼마 전 한 인편으로 글월을 보내왔는데,
늙은 몸의 병이 나날이 더해 가니
이제 앞날인들 얼마 되겠느냐?
죽기 전에 네 얼굴 다시 한번 보고 싶다.

남이 들어도 눈물이 날 말씀이거늘,
하물며 그 어미의 자식이야 어찌하오리까!
기별을 듣고 나니 가슴이 더욱 산란하여
다른 일에 마음이 잡히지 않습니다.

제가 지난 날, 건원보 권관으로 있을 때에
선친의 별세에 천리를 분상한 일은 있었지요.
살아 계실 때 약 한 첩 못 달여 드리고
영결조차 하지 못하여 평생 유한이 되었습니다.

이제 또 어머니께서 여든을 넘으시어

해가 서산에 닿은 듯한데,
이러다가 또 하루아침에
다시는 모실 길 없는 슬픔을 만나는 날이 오면,
이는 제가 또 한번 불효한 자식이 되겠지요.

그렇게 되면 어머니께서도 지하에서
눈감으실 수 있을는지요.
이 겨울에 어머니를 가서 뵈옵지 못하고
봄이 되어 방비하기에 바쁘게 된다면,
도저히 진을 떠나기가 어려울 것입니다.

이 애틋한 정곡을 살피시어
난지 며칠간의 말미를 주시면
한 번 가게 됨으로써 늙으신 어머니 마음은
조금이나마 위로가 될 것입니다.

그 사이 혹시 무슨 탈이라도 생긴다면
어찌 휴가 중이라 하여 감히
중대한 일을 그르치게 하겠습니까.

56. 당항포의 왜적 소탕

왜선을 멀리서부터 살펴서
즉각 보고하라![31]
빈틈없이 살피면
저들의 비밀을 알아낼 수 있다.
복병장은 망대에 즉각 보고하라!

꿈에 왜적의 모양이 있었다.
새벽에 일어나 각 도의 대장에게 알려서
바깥바다로 나가 진을 치게 하였다.
해질 무렵에 한산도 안쪽 바다로 돌아왔다.

위력은 무기에 있지 않다.
잠자지 않는 안테나 같은 촉각에서
왜적은 움직일 수 없음을 알라!
춘원포에 왜선 50여 척 출현,
소소포에 왜선 50여 척 출현,
구화역에서 왜선 6척이 출현,

---

31) 원문 : "瞭察賊船 登時馳告"

또 소소포에 16척이 출현,
거울 보듯이 왜적의 동태를 확인하였다.

날이 밝자,
왜적선 31척이 영등포에서 나와
21척은 당항포로 향합니다.
7척은 오리량으로 향하였습니다.
나머지 3척은 제도로 향하였습니다.
적을 알면 이기고 모르면 위험하다.
나는 다 알고 있다. 너희들의 움직임을.

왜선 10척이 진해 선창에서 출항했다.
읍전포(邑前浦)에서 6척을,
어선포(於善浦)에서 2척을,
자구미포(紫仇味浦)에서 5척을
빈 배지만 남김없이 불태워버리니,
검은 연기만이 산기슭까지 덮었다.

57. 대인 앞에 답서를 올립니다

왜군을 공격하지 말라는 금토패문!
이게 뭔지, 누구를 위한 금문(禁文)이며 패문(牌文)인가.

도사 담종인 일행의 웅천 도착을 환영합니다.
지금까지 회의를 허락하는 명령을 기다렸습니다.
근일에는 왜군들이 중국군의 위세를 겁내어
도사 대인 앞에 온갖 애걸을 하고 있습니다.
그래서 이 패문을 만들어 보내게 된 것입니다.

몸은 아파 얼빠진 것 같이 어지러운데
당신의 답서에 이렇게 글을 써 바칩니다.

왜군의 여러 장수들이 마음을 돌려
모두들 무기를 집어넣고
군사들을 휴식시키며
그들 본국으로 돌아가려고 하니,
너희들 모든 군함은 제 고장으로 돌아가고,
왜의 진영에 가까이 하여 트집을 일으키지 말도록 하라.

이 말씀, 진심에서 하신 말씀 맞습니까?

저는 조선 신하입니다.
이 삼도수군통제사 리순신은 삼가
선유 도사 대인 앞에 답서를 올리나이다.
왜적이 스스로 흔단을 일으켜서는
군사를 이끌고 바다를 건너왔습니다.
죄없는 우리 백성들을 죽이고,
서울을 침공하여 흉악한 짓들을 지지른 것은
이루 다 말할 수 없거니와,
온 나라의 신하와 백성들의 통분함이
뼈 속 끝까지 맺혀 있습니다.
이들 왜적과 같은 하늘 아래서
함께는 살지 않기로 맹세하였습니다.
각도의 배들은 정비하여 곳곳에 주둔하고,
동쪽 서쪽에서 호응하고,
육지에 있는 장수들과도 의논하였습니다.
수륙으로 합동 공격을 할 것입니다.
왜적들을 한 척의 배도 못 돌아가게 하여
우리나라의 원수를 반드시 갚을 것입니다.
이미 선봉선 2백여 척을 거느리고
바로 거제도로 들어가서 그들의 소굴을

무찔러 종자를 없애고자 하였던 바,
왜적 30여 척이 고성 · 진해 지경으로 들어와서
어염집들을 불태우고, 우리 백성들을 죽이며,
또 사로잡아갔습니다.
마을의 모든 물건들을 훔쳐다
저들의 배에 가득 실어갔습니다.
이런 정상을 보셨습니까?
그 정상을 생각한다면 통분하기 그지없습니다.
적들의 배를 쳐부수고 놈들의 뒤를 쫓아
군사를 거느리고 합세하고 나서는 이때,
도사 대인이 타이르는 패문이 뜻밖에
진중에 왔기에 받들어 두 번 세 번 읽었습니다.
순순히 타이르신 말씀이 참으로 감동스럽습니다.
그런데 '일본 장수들이 마음을 돌려
모두 병기를 거두어 저의 나라로 돌아가려고 하니,
너희들 모든 병선들은 속히 각각 제 고장으로 돌아가고
일본 진영에 가까이 하여 트집을 일으키지 말도록 하라'
하시니, 왜인들이 있는 거제 웅천 김해 동래 등지도
모두 다 우리 땅입니다.
그런데 우리더러 '일본진영에 가까이 하지 말라'
하심은 무슨 말씀이며,
우리더러 '속히 제 고장으로 돌아가라'
하심은 그 제 고장이란 또한 어디 있습니까?
또 트집을 일으킨 자는 우리가 아니요,
왜적들입니다.
명심하십시오!
왜인들이란 간사스럽기 짝이 없어

예로부터 신의를 지켰다는 말을 들은 적이 없습니다.
왜적들은 흉악하고 교활합니다.
아직도 그 포악스런 행동을 그치지 않습니다.
그놈들이 바닷가에 머물러 있으며,
해가 지나도 물러가지 않았습니다.
여러 곳을 다니면서 살인하고 약탈하기를
전일보다 갑절이나 더 합니다.
병기를 거두어 바다를 건너 돌아가려는 뜻이
과연 어디에 있다고 봅니까.
이제 강화회담 한다는 것은
실로 속임과 거짓에 불과합니다.
그러나 대인의 뜻을 감히 어기기 어려워
잠깐 얼마쯤 두고는 보렵니다.
또 그대로 우리 임금께 아뢸 것입니다.
대인은 이 뜻을 널리 살피시어
왜놈들에게 역천(逆天)과 순천(順天)의 도리가
무엇인지를 알게 하시면 천만 다행이겠습니다.
삼가 죽음을 무릅쓰고 답서를 드립니다.

울분이 답서 위에 눈물로 얼룩졌다.
눈물이 답서 위에 구슬처럼 흔들렸다.
구슬이 조란환 철환처럼 답서 위로 날았다.
다시 삼가 죽음을 무릅쓰고 써 보냅니다.

58. 사야카! 투항해온 왜병의 정보를

사야카(士也可)!
가등청정의 선봉장이 조선에 오자,
사흘 만에 3천 명을 이끌고 투항했다.
경상도초유사 김성일을 만나고,
병마사 박진을 만났다.
내가 왜 이러는지 아시겠습니까?

일본국 우선봉장 사야카는
삼가 목욕재계하였습니다.
머리 숙여 조선국 절도사께 글을 올립니다.
이번에 일본이 하늘을 거슬러
이유없이 군사를 일으켰습니다.
대인군자의 나라 조선국에 나가보고 싶어
일부러 선봉이 되어 본국에 왔습니다.
오직 저의 소원은 예의의 나라에서
성인의 백성이 되고자 할 뿐입니다.

가선대부 김충선(金忠善)[32] 이라던 사람

32) 이들 후손이 경상북도 달성군 가창면 우록동에서 70세대가 한국인으로 김씨 성을 받아 살고 있다.

울산성을 거점으로 소총 화약을 만들었고,
경상도 연안의 일본군을 공격하기로 했습니다.
마고지로(孫次郞, 孫時老) 엔지로(延次郞, 延時老)
사꾸에몽(沙古汝武) 요오시찌(要叱其) 사야카(沙也可)
넨지(念之) 등의 투항 왜병들은
일본군과의 전투에서 분투하였습니다.

에몬레니(汝文戀已) 야지로(也時老) 준시(俊時)
야에몬(也汝文 : 彌右衛文) 신지로(信是老 : 信次郞)
레나기(戀隱已) 야이(也耳) 야몬(汝文) 난에몬(南汝文)
등등 성심이 있어 투항한 것일까?

아니다.
우리 측에서 이익으로 유인했기 때문이다.

59. 원균, 음해냐? 뒤통수 쳤냐?

새로운 직책이 필요합니다.
경상도 전라도 수군을 어떻게 누가 지휘하겠습니까?

내가 되겠지.
원균은 선배의 입장에서 기다렸다.
비록 처음 전선을 가라앉히긴 했지만,
전략의 행동에 따랐을 뿐이지 내 잘못은 아니잖아.

내가 되겠지.
지금까지 싸움마다 다 이겼으니 기다렸다.
전라도에서 경상도까지 아서 객장이긴 하지만,
전략 전술 휫손이 탁월하니 누가 나를 따르랴.

통제사에 리순신을 삼노라!
기대는 누군가에게 실망을 주는 법이다.
그 뒤부터 원균의 불만은 커졌지요.
시기심은 감출 수 없는 본능임을 어쩌랴.
따르고 싶지 않는 명령도 따라야 하는데, 이제는.

그래 헐뜯으라고 하지 뭐.

누가 만일 묻거든 다만
용서해 주어야지 하고 대답하라.
한번도 남 앞에서 일체 비방하지 않았다.
형벌은 규율대로 할 일이지,
누구의 말에 따라 오르내리는 것은 아니잖는가.

60. 긴 칼 어루만지며

으스름 달빛이 수루를 비치는데,
눈감으면 잠은 별처럼 들떠 있어
긴 밤을 새우며 시를 읊었다.

한산섬 달 밝은 밤에
수루에 혼자 앉아
긴 칼 어루만지며
깊은 시름하는 차에
어디서 일성호가는
남의 애를 끊게 하나니.[33)]

비바람 부슬부슬 흩뿌리는 밤
생각만 아물아물 잠 못 이루고
쓸개가 찢기는 듯 아픈 이 가슴
쓰린 이 마음이야 살을 에이고
강산은 참혹한 꼴 그냥 그대로
물고기 날새들도 슬피 우노니

---

33)『李忠武公全書』卷1 詩 "閑山島歌 閑山島月明夜 上戍樓撫大刀深愁時 何處一聲羌笛更添愁"

나라는 갈팡질팡 어지럽건만
바로잡아 세울 이 아무도 없네.
제갈량 중원 회복 어찌하던고
재우치던 곽자의 그립구나.
몇 해를 원수막이 한다고 한 일
이제 와 돌아보니 님만 속였네.[34)]

님의 수레 서쪽으로 멀리 가시고
왕자들 북쪽에서 위태한 몸
나라를 근심하는 외로운 신하
장수들은 공로를 세울 때로다.
바다에 맹세하니 용이 느끼고
산에 맹세함에 초목이 아네.
이 원수 모조리 무찌른다면
내 한 몸 이제 죽다 사양하리요.[35)]

---

34) 위의 책 권1 詩 無題六韻. "蕭蕭風雨夜 耿耿不寐時 懷痛如摧膽 傷心似割肌 山河猶帶慘 魚鳥亦吟悲 國有蒼黃勢 人無任轉危 恢復思諸葛長驅慕子儀 經年防備策 今作聖君欺"

35) 위의 책 권15 詩 陣中吟 "天步西門遠 君儲北地危 孤臣憂國 日壯士樹勳時 誓海魚龍動 盟山草木知 讐夷如盡滅 雖死不爲辭"

삼백 년 누려 온 우리 나라가
하루 저녁 급해질 줄 어찌 아리오.
배에 올라 돛대 치며 맹세하던 날
칼 뽑아 천산 위에 우뚝 섰네.
놈들의 운명이 어찌 오래랴
적군의 정세도 짐작하거니
슬프다 시 구절을 읊어 보는 것
글을 즐겨 하는 것은 아닌 거라네.[36)]

강변 마을에 가을철 경치도 해질 무렵이면
놀라 울지도 못하고 나는 기러기 떼는 멀어지고
근심으로 엎치락뒤치락 잠 못 이루는 밤이여!
어느새 새벽녘 희미한 달빛이 활과 칼을 넘어다보네![37)]

한 바다에 가을 바람 서늘한 밤
하염없이 홀로 앉아 생각하노니
어느 깨나 이 나라 평안하리요.
지금은 큰 난리를 겪고 있다네.
공적은 사람마다 낮춰 보련만
이름은 부질없이 세상이 아네.
변방의 근심을 평정한 뒤엔
도연명 귀거래사 나도 읊으리.[38)]

---

36) 위의 책 "二百年宗社 寧期一夕危 登舟擊楫日 拔劍倚天時 虜命其能久 軍情亦可知 慨然吟短句 非是喜文辭"
37) 위의 책 권1 詩 閑山島夜吟 "水國秋光暮 驚寒雁陣高 憂心輾轉夜 殘月照弓刀"
38) 위의 책 권15 詩 陣中吟 "水國秋風夜 愀然獨坐危 太平復何日 大亂屬玆時 業是千人貶 名猶四海知 邊憂如可定 應賦去來辭."

병서도 못 읽고서 반생을 지났기로
위대한 때 연마는 충성 바칠 길이 없네.
지난날엔 큰 갓 쓰고 글 읽기 글씨 쓰기
오늘은 큰 칼 들고 싸움터로 달리노니.
마음엔 저녁 연기 눈물이 어리우고
진중엔 새벽 호각 마음이 상하누나.
개선가 부르는 날 산으로 가기 바쁘거든
어떻게 련연산(連然山)에 이름을 새기리라.[39)]

아득하다 북쪽 소식 들을 길 없네.
외론 신하 때 못 만난 게 한이라
소매 속엔 적을 꺾을 병법 있건만
가슴속엔 백성 건질 방책이 없네.
천지는 캄캄한데 서리 엉키고
산과 바다 비린 피가 티끌 적시네.
말을 풀어 화양으로 돌려보낸 뒤
복건 쓴 처사가 되어 살아가리라.[40)]

모든 귀신들에게 제사지내노라!
윗사람을 따르고 상관을 섬겨

---

39) 위의 책 "不讀龍韜過半生 時危無路展葵誠 峨冠曾此治鉛槧 大劍如今事戰爭 墟落晚烟人下淚 轅門曉角客傷情 凱歌他日還山急 肯向燕然勒姓名!

40) 위의 책 "北來消息杳無因 白髮孤臣恨不辰 袖裡有韜摧勁敵 胸中無策濟生民 乾坤黯黲霜凝甲 關海腥膻血浥塵 待得華陽歸馬後 幅巾還作枕溪人"

너희들은 직책을 다 하였건만
부하를 위로하고 사랑하는 일
나는 그런 덕이 모자랐도다.
그대 혼들을 한 자리에 부르노니
여기에 차린 제물 받으소서![41]

41) 위의 책 "祭死亡軍卒文 親上事長 爾盡其職 投醪吮疽 我乏其德 招魂同榻 設奠共享"

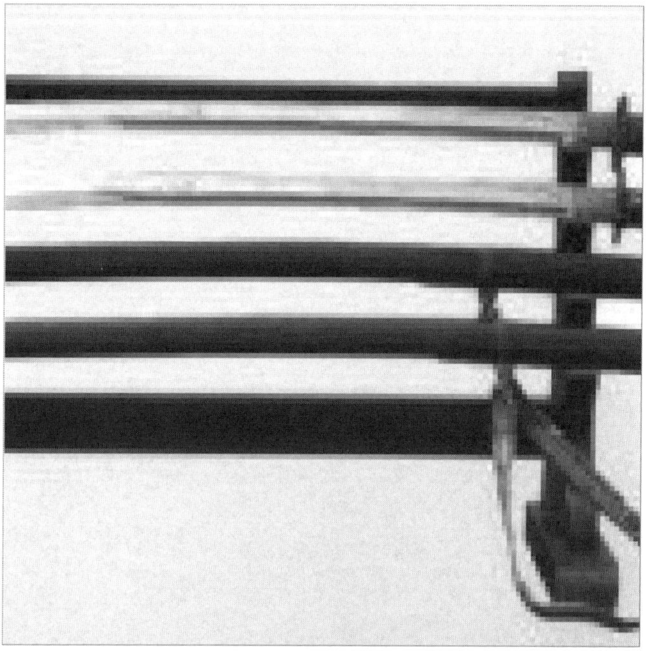

충무공 리순신의 칼

[죄인으로 몰려 함거에 실려 가는 장면]

제8장

수군,
백척간두에서 우리 믿음의 전부

61. 해상요격, 요시라의 말은 안 되오

심유경이 주도해온 화의교섭은 깨어지고,
일본에서 굉장한 지진이 일어나고
풍외주(豊外州)는 지진으로 큰 못이 되어버려
4천호의 가옥이 파괴되고, 많은 사람이 죽었다.
관백의 집도 무너져 궁녀 4백 명이 압사했다.

지진으로 갈라진 산등성은 땅이 패어 못이 되고

[중국 남경의 배]

갈라진 땅에서는 흙탕물이 팥죽같이 흘러나와
독한 냄새가 진동하여 가까이 갈 수 없었다.
왜인들도 이런 일은 근세에 없는 재변이니,
일본이 장차 무슨 변이 있을는지 모르겠단다.

일본이 재침을 꾀하고 있다.
무능한 조정은 위급함을 중국에다 보고하고,
원군을 다시 요청하였다.
전쟁 물자를 산성으로 옮겼다.
서두르고 서둘러야지,
눈앞의 재침에 대비는 어떻게 하려는지?

62. 부산 왜영, 불태우다

바다로 들어온 왜적을
바다에서 쳐부수는 것이
수군의 존재 이유요 가치이다.

육군이 바다의 적을 공격하기 어렵지만,
수군은 육지의 적을 공격하기 어렵잖다.
그래서 기습 공격이다.
왜적의 소굴이 된 부산 왜영을 불태웠다.

그런데 수군이 육지의 공격은 거짓이라면서
조정을 속이고 임금을 업신여긴 죄로 몰아 붙였다.
허위보고라면서 조정에서마저 인정치 않았다.

신의 장수 가운데 생각이 깊고
담력이 있고 용기가 있는 사람
활을 잘 쏘는 사람들을 뽑아서
함께 밤낮없이 왜적 쳐부술 논의하고
그들의 성심을 시험하기도 하고
함께 밀약하기도 하였지요.
그들에게 왜적의 정세를 정탐하였지요.

여러 차례 몰래 꾸며 죽음으로 맹세하니
의사 열사 충신이라 마음 뿌듯합니다.
야간에 약속대로 시간되기를 기다렸다가,
마침 된하늬바람이 세게 불어오자,
바람결에다 불을 놓아 불길이 세차게 번졌습니다.

왜적의 가옥들, 화약 군량 창고 다 타고,
왜선 여러 척이 잇따라 불탔으며,
왜놈들도 많이 불에 타죽었습니다.
하늘이 도와 성공한 것입니다.
언제 어디서 죽을지도 모르는 상황에서
안위 김란서 신명학 김득은 용감했습니다.

이 사실을 아니라고 한다면
하늘은 알고 계실 테니 마음대로 하소서.
우리는 오로지 그렇게 하였을 뿐이외다.

63. 지금은 때가 아닙니다

가등청정이 나올 때, 해상에서 요격하라!
마마의 교지는 지극히 타당합니다.
왜선의 왕래는 부산과 대마도 사이이고
언제나 왜적이 침입하는 길목이니
수군이 강하기만 하다면야
적을 막아 끊어서 이길 수만 있다면야
가등청정이 오고 아니 오는 것은
전혀 논할 필요야 없지 않은가요.

선전관 황신의 말도
도원수 권률의 말도
내가 몰라서 거부하였나요.
임금의 공격명령을 따르지 않았으니
명령불복종이니 항명이라 하더군요.
이유 있는 거부일 따름입니다.

일단 현장지휘관에게는 재량권이 있지요.
수군을 뽑아 거느리고 부산 근처로 나가
적이 오는 길을 가로막고
일시에 결전을 하여

하늘에 사무친 치욕을 씻고자 한다고,
가등청정의 오는 길을 막으려 하니
각 도의 수령으로 하여금 전력하여
수병들을 들여보내도록 해달라고
요청한 바가 있지 않은가요.

그런데 지금 겨울 바다의 길이 매우 험난하고요,
왜적이 반드시 육지 곳곳에 복병을 두었을 테니,
배를 많이 거느리고 가면 적이 알지 못할 리 없고,
배를 적게 거느리고 가면 습격받을 게 뻔합니다.
부산포로 한번 나갔다가 전혀 실익이 없었습니다.
그래도 나가도록 몰아붙이겠나이까?
그래서 못 나갑니다. 못 나갑니다.
지금 당장 나가지 않는다고 다그치지 마세요.
나에게 맡겨 주세요.
이길 때를 기다렸나가 그들을 사로잡겠나이다.

64. 간첩 요시라의 모함에 걸려들다

안 됩니다.
통제사 리순신이 바다를 제패하고 있는 동안에는
조선을 침공한다는 목적을 달성할 수가 없습니다.

고양이 목에 방울을 달아라!
요시라! 네가 가서 달아라!
풍신수길이 키운 여우를 보낸다.

소서행장과 가등청정은 사이가 나쁩니다.
강화회담의 결렬도 가등청정의 탓이니,
소서행장은 그를 죽이고자 합니다.
가등청정이 아무 날에 일본에서
다시 군사를 거느리고 올 것입니다.
조선에서는 통제사로 하여금 해상에서 요격하게 하면
조선에서는 원수를 갚아서 좋고
소서행장의 마음도 통쾌하리다.
이 비밀 요시라 나 말고 누가 알려주게스무니까?

경상우도병마사 김응서에게 가서 비밀이라면서
입술에 침도 바르지 않고 술술술 말했다.

요시라와 소서행장이 꾸민 간계가
이제는 도원수 권률에게 전해졌다.

가등청정이 군사 7천 명을 거느리고
이 달 4일에 이미 대마도에 도착하였습니다.
순풍이 불면 며칠 안에 건너옵니다.
전날에 약속한 일은 완전히 마련되어스무니까?
가등청정이 바다를 건너오면
충돌은 없을 수 있게스무니지만,
근처에서 노략질할 것만 같으니,
가등청정이 건너오기 전에 미리 방비해 두면
다른 간계를 부리지 못하게 하는 것이 낫게스무니다.

요즘은 계속 순풍이 불기 때문에
바다를 건너오기가 어렵지 않으므로,
수군을 빨리 서세도로 내보내어 정박시키고서
가등청정의 동정을 살펴야 합니다.
샛바람이 세차게 불면
가등청정은 반드시 거제도로 향해 올 것입니다.

그렇게 되면 가등청정을 공격하기에 쉽스무니다.
만일 가등청정이 샛바람을 곧바로 받고
기장이나 서생포 방면으로 향한다면,
그들 배가 바다 가운데로 지나가게 되므로,
거리가 거제도와 멀게 되어
미처 요격할 수 없는 만큼
이 계책을 실행하지 못할까 걱정됩니다.

먼저 전선 50척을 빨리 기장으로 보내어
경상좌도수군과 합세하여 결진하면서,
대여섯 척의 전선으로도 보내어 처부술 수 있스무니다.

요시라는 왜적정보를 우리에게 전해주는 척하고,
실상은 일본에게 유리하게 하는 이중간첩입니다.
왜 그걸 모른단 말입니까?
적군의 말을 믿으면 적군에게 속아 넘어가고,
적군을 이롭게 하면 그게 이적행위입니다.
나를 죽이고, 조선을 어렵게 하는 댓가로서
그 요시라에게 절충장군(정3품 당상관)에다
상금으로 은 80냥을 준 것입니까?
이래서야 누가 충성하려 들겠습니까?

가토가 다시 온다 하니,
수군은 꼭 요시라의 말대로 하라.
임금의 명령이닷!

아! 나는 죽었구나.

그래. 내가 죽고 조선을 살리자!
그래. 내가 이적행위라는 죄를 덮어쓰자!
내가 명령을 따르지 않아
일본군을 상륙시켰다고 덮어씌울 죄이지요.
명령불복종이고, 임금 업신여긴 죄라고요.

이미 상륙해 있던 왜적선이니,
미리 막지 못한 죄는 됩니다만,
그마저 힘을 다하여
바다를 건너오는 적을 막고자 했으나,
마침내 공격기회를 놓치고,
왜적으로 하여금 상륙케 하였으니,
신은 죽어도 남음이 있습니다.
다만 고을 수령들이 수군의 일에는
전혀 마음을 쓰지 않고 있는데,
그 중에도 남원 광주가 더욱 게을리 하였으니,
바라건대 명령을 내려 목을 베어
군중(群衆)에 매달아서 하나로써 백을 징계하소서.

65. 대신들의 모함, 요시라보다 한 술 더 떠

요시라는 힘이 났지.
황신도 어깨에 힘이 붙었지.
김응남 윤두수 리산해 원균은 신났지.
선조는 덩달아 홍겨웠나보다.
회의할 적마다 리순신 험담이다.

몹쓸 사람입니다.
왜적들이 몇 해가 지나도록 패전만 하고,
끝내 남해에서 서해로는 침범하지 못했던 것은
우리 수군의 위력 때문입니다.
날랜 배 몇 척으로 삼삼오오 줄을 지어
절영도 밖에서 무력시위만 하더라도
가등청정은 본래 해전에 능숙하지 못하므로,
겁을 먹고 반드시 군사를 거두어 돌아갈 것입니다.
바라건대 수군으로 하여금 적을 바다 밖에서
맞아 싸워서 적이 육지로 올라오지 못하게 하소서.
제가 지난날 수군을 맡은 적이 있기 때문에
이 문제에 대해서는 잘 알고 있는 만큼,
계속 침묵하고 있을 수가 없어서 아룁니다.

선조는 신이 났지, 원균의 말에, 권률의 말에.
리순신 대신할 장수가 있어서.
선조는 신이 났지, 더 더욱이.
무슨 말이든 잘 들을 사람이 있어서.
요시라는 덩실덩실 춤을 추었지.
풍신수길은 기뻐서 잠이 오지 않았다.
허허! 바보가 따로 없구나.
더 다그쳐라! 닦달을 하라고!

하! 한산도 장수는 편안히 드러누워서
무엇을 하고 있는지 모르겠군!
그 양반은 왜적을 겁내는 것이 아니고,
실상 나가 싸우기를 꺼리는 것입니다.
어찌 가등청정의 머리를 잘라 올 수 있도록
기대할 수 있겠는가? 안 되겠어. 안 돼!
도저히 티끌만큼도 용서할 수 없이.
무신으로 조정을 업신여기는 버릇을 고쳐야해!
이때 징계하여 다스리지 않으면 안돼!
해야 할 일은 속히 하는 것이 옳다.
원균은 오늘 당장이라도 일할 수 있지? 보내봐욧!

원균이 통제사가 되면, 일이 잘못 될까 두렵습니다.
갑자기 할 것이 못되오니 자세히 살펴서 하옵소서.
잡아 올려라!

1597년 2월 26일!
한산도 온 섬은 울음바다다.
터져 나오는 눈물이 파도소리와 함께 하늘에 사무쳤다.
아! 왜적들이 제일 무서워하는 것은 우리 수군이요,
리순신은 바꿔서는 안 될 사람입니다.
원균을 대신 보내서도 안 될 일입니다.

이제는 다시 돌이킬 수 없는 길로 들어섰다.
후회는 언제나 뒤늦게 오는 법이고,
명령은 언제나 온당하게만 처리되는 법이고,
옳은 생각도 때로는 틀렸다고 무시되는 세상이고,
그래서 터지려는 가슴을 움켜쥔 채
정들은 한산도를 뒤에 두고 떠나갔다.

대감! 어디로 가시옵니까!
대감! 이제 우리들은 죽었습니다.
대감! 우리는 어떻게 살란 말입니까!
어허허! 어허허!
백성들은 울부짖었다.
백성들의 뜨거운 눈물을 가슴에 담고
백성들의 뜨거운 손을 품에 안았다.
왜 백성들이 이토록 슬퍼하는가.

66. 억울합니다, 신구차(伸救箚)

상감의 노여움이 극도에 이르렀고,
대신들도 역시 그러합니다.
일이 장차 어떻게 될는지 모르겠소!
허허! 죽고 사는 것은 천명인데,
또 죽게 되면 죽는 것이지요!

뇌물을 쓰면 나올 수 있답니다.
야! 이놈아! 죽이면 죽을 뿐이지
어찌 도리에 어긋난 일을 해서
내 목숨 살기를 꾀한단 말이냐?

리순신의 목을 당연히 베어야 합니다.
조정을 속여 임금을 업신여긴 죄가 있습니다.
적을 놓아주어 나라를 저버린 죄가 있습니다.
남의 공로를 가로채고 남을 죄에 빠뜨렸으니,
한없이 방자하고 거리낌 없는 죄가 있습니다.
쳐 죽이고도 남을 죄입니다.
살려주면 다시 임금을 업신여길 것입니다.

판중추부사 정탁이 목숨 걸고 상소하였다.

엎드려 아뢰옵니다. 신이 일찍 위관(委官)이 되어 죄수를 문초해 본 적이 한두 번이 아닙니다. 대개 보면 죄인들이 한번 심문을 거치면 그대로 상하여 쓰러져 버리고 마는 자가 많아, 설사 거기 좀 더 밝혀 줄만한 사정을 가진 경우가 있더라도 이미 목숨이 끊어진 뒤라 어찌할 길이 없는 적이 많았습니다. 신은 적이 이 점을 민망하게 여겨 왔습니다.

이제 리순신이 이미 한번 형벌을 겪었으니, 만일 다시 형벌을 가하면 무서운 문초 밑에서 목숨을 보존하지 못하여 혹시 상감의 생명을 존중하시는 본의를 상하게 하지나 않을까 하여 걱정하는 바입니다.

무릇 인재라는 것은 나라의 보배입니다. 비록 저 통역관이나 주판질 잘하는 사람에 이르기까지라도 재주와 기술이 있기만 하면, 모두 다 사랑하고 아껴야 하거늘, 하물며 장수의 재질을 가진 자로서 적을 막아내는 데에 가장 관계 깊은 사람을 오직 법률에만 맡기고 조금도 용서함이 없을 수 있사오리까. 리순신은 참으로 장수의 재질이 있사옵고, 변방 백성들이 의지하는 바요, 또 적들이 무서워하는 사람이온데, 만일 공로와 죄를 서로를 비겨 보아주지도 않고 또 능력이 있고 없음도 헤아려줌이 없이 끝내 큰 벌을 내리시오면, 리순신이 있던 곳의 다른 사람들도 더 내키지 않을 것이요, 또 능력이 있는 사람도 스스로 더 애쓰지 않을까 두렵습니다. 그리고 감정을 품고 있는 원균과 같은 사람까지도 또한 족히 편하지 못할 것이고, 그 보다도 안팎 인심이 이 때문에 해이해질 것이라 그게 실상 더 걱정스럽고 위태한 일이며, 그 위에 부질없이 적들이 다행으로 여기는 바만 될 것이옵니다. 일개 리순신의 그 죽음은 진실로 아깝지 않으나, 그의 죽음이 국가에 있어서는 관계됨이 가볍지 아니하므로, 어찌 이것이 중대한 사실이 아니겠습니까. 상감께서 장수를 거느리고 인재를 쓰는 길과 허물을 고쳐

스스로 새로워지는 길을 열어 주시오면, 상감의 정치에 도움됨이 어찌 적다고 하겠습니까![42]

흠! 굳이 그렇다면 백의종군케 하라!
아! 이렇게 해서 백의종군이다!

28일만에 옥문을 벗어나오니, 4월 초하루였다.
하늘은 착한 일을 한 자에게 복을 준다.
하늘은 착한 일을 하지 않은 자에게 화를 내린다.
아! 천행(天幸)이다.
하늘이 복을 내렸구나!

---

42) 李忠武公全書』 卷12 부록4.

67. 남행길, 그 고행의 길

두 다리 사이에 무엇이 마구 비빈다.
두 무릎 사이에 무엇이 들어온다.
무릎과 무릎 사이의 고통을 잊으려
두 손을 부비면 생각이 난다.

긴 막대로 꼬챙이 엇대듯이 끼워 당기면
찢어지고 부러지는 뼈뿐인 고통이
정수리에서 거꾸로 솟는 피도 말라버리면
죽음은 저만치 나가 앉아 쉬고 있다.

걸음아! 나 좀 살려다오!
비치는 태양이 눈부시니
눈동자 힘없이 감아버리면
몇 차례 꿈같은 고통만이 아린다.

남대문 밖의 윤간(尹侃)이란 종의 집에 갔나.
방안에서 28일만에 처음 뻗어보는 다리가 가련하다.
아! 행복이란 불행을 겪어봐야 아는 것은 아니지만,
조카 분(芬) 봉(菶) 아들 울(蔚)이 아무 말이 없다.

그 동안 막혔던 정회를 풀만한 데도
눈시울만 벌겋게 달아 입이 붙어버렸다.
한참을 애써 삼킨 눈물이 모르게
콧물과 함께 범벅이 되어 모두 부둥켜 안았다.

무쇠 심장 돌창자로 소문난 윤자신이 와서 보고
그의 아들 윤기헌은 술병까지 차고 와서는
위로하며 함께 취하도록 술을 마셨다.
지난날의 영광이 그림같이 스쳐간다.
의로운 용기와 따뜻한 우정에 감사했다.

성안으로 들어가 류성룡을 방문하여
밤이 깊도록 이야기를 나누었다.
닭이 울어서야 숙소로 돌아왔다.
이튿날 한성을 떠나 남쪽으로 내려갔다.

4월 11일! 세상에서 가장 슬픈 날이 찾아왔다.
새벽에 꿈이 산란하여 이루 다 말하기 어렵다.
덕이를 불러 대강 이야기했다.
또 아들 울에게도 이야기했다.

심회가 몹시 언짢아서 술취한 듯
마음을 걷잡을 수가 없다.
이게 무슨 징조인가!
병드신 어머니를 생각하며
눈물이 흐르는 줄도 깨닫지 못했다.

변흥백의 집에 이르렀을 때,
종 순화가 배에서 달려와서
어머니가 별세했다고 전한다.
뛰쳐나가 뛰며 발을 동동 굴렀다.
하늘이 캄캄했다.
곧 게바우개로 달려가니,
배가 벌써 와 있었다.

들머리 길에서 바라보니,
가슴이 미어지고 터질 듯한 슬픔을
이루 다 어찌 적으랴!

충성을 다 하렸더니 죄가 이미 이르렀고,
효성을 바치려 했건만 어버이마저 가버렸네.
이제는 어서 죽기만 기다려야 할런가.
마을을 돌아보니 가슴은 찢어지고 비조차 내리는데,
천지에 나 같은 사람 또 어드메 있을꼬!
천지에 나 같은 사람 또 어디에 있을까!

68. 백의종군, 함부로 말하지 말라

정혜사의 중 덕수가 짚신 한 켤레를 바치는데
거절했지만 억지로 주는 바람에
더 이상 마지못해 값을 쳐주고 받았다.

다시 단계(丹溪) 삼가(三嘉)를 거쳐 합천(陜川) 고을을 지나
도원수의 진영이 있는 초계(草溪)로 향하였다.
모여곡(毛汝谷)에다 거처를 정했다.
가라말[加羅馬] 워라말[月羅馬] 간자짐말[看者卜馬]
청총이짐말[騁卜馬]의 다갈이 떨어져 갈아 박았다.

강헌왕 태조는 제주에 나는 응상마(凝霜馬)를 탔는데,
서리처럼 하얀 부루말이고 천리마라고도 하지.
조선을 건국하는 공신이 조랑말은 아니었구나.

무등병의 신세되어 가노라!
영광의 상처였느니, 이것도.
말 타기도 무서워라, 백의의 눈물.

무등병, 그런 것쯤이야 참을 수 있다.
구겨진 다리에 무릎은 온통 고통뿐이다.

무시받는 것쯤이야 견뎌낼 수 있다.
구겨진 명예는커녕 손가락질은 너무 무서워라.
지난날 굽신대며 인사하길 코가 땅에 닿도록 하더니,
백의종군에는 그냥 종군이 아니야, 아니라니깐.
손가락질에 돌팔매질도 감수해야 하는 세상이란다.

천지에 나 같은 사정이 어디 또 있으랴!
아! 일찍 죽느니만 못하다.
죽느니만 못하다. 정말로.

운봉현감 남한은 병을 핑계대며 얼굴도 보이지 않았다.
홍우공은 팔 아프다고 핑계대며 종군도 싫다하네,
옥과현감 홍요좌는 병을 핑계대며 나와 보지 않았는데,
붙잡아다 죄주려 하니 그제서야 나와서 보았다.
경상수사 배설은 교서에 숙배도 하지 않았는데,
그 잘난 척 하기는 참으로 놀라울 따름이다.
약속을 어기는 것이 더 더욱 괘씸하다.

잘나가는 사람에게 잘하는 사람뿐이다.
백의종군하는 사람에게야 거들떠 볼 마음이 있으랴.
두고 봐라. 나는 쓰러지지 않는다.
반드시 굳세게 일어날 것이다.
그때 너희는 나를 말하리라.

69. 통제사 원균에게 곤장치는 도원수 권률

악마적인 전쟁광의 발작이 재발하였다.
이유 없는 임진년의 왜란을 일으킨 지
5년이 지나니 또 용서할 수 없는 죄악을 짓는
저 왜놈 풍신수길과 그 일당에게 복을 주려는가?

허허. 대장으로서 칼과 몽둥이를 쓰는 인물이
겨우 개인적 자존심을 세워준 통제사 자리에
인형처럼 앉았으니, 참으로 왜적은 복되도다.
조선 사람을 모조리 다 죽이고,
조선을 빈 땅으로 만들겠다는데.

그렇게 하여 차지한 그 넓디넓은 땅에다
일본 서쪽 지방 사람들을 조선으로 옮기고,
일본 동쪽 사람들을 서쪽에 옮겨 살게 하면,
10년 뒤에는 반드시 성공할 것이다.

사람마다 귀는 둘이요, 코는 하나다.
너희들은 마땅히 조선 사람의 코를 베어서
머리 베는 것을 대신하여라.
병졸 하나가 각각 한 되씩을 책임져야 한다.
허! 대불사 곁에 코무덤의 역사가 이루어졌네.

베어내도 남을 코가 누구에게 있는가?
천인공노할 풍신수길의 그 만행의 현장
슬픔이 코끝에서 멈추기도 전에 나는
억새풀처럼 수길 너의 코를 베리라!
까마귀 날아든 광야에 너를 눕혀 놓으리라!

요시라가 나타났다! 조심하라!
요시라는 경상도우병사 김응서에게 갔다.
잘 속아 넘어가는 성격을 누구보다 잘 아니
가서 말했다.
아무 날 일본군이 바다를 건너올 것이니,
원균을 시켜서 바다로 나가 맞아 싸우도록 하시오.
지난날 리순신을 김옥에 가둘 때에 썼던 수법이렸다.

안골포를 먼저 공격할 계획을 보고했으나,
명령 지시 기다리다 기회를 놓쳐버렸으니,
안타깝기 그지없어 황송하옵니다.
제 생각으로는 수군과 육군이 함께 진격하여
안골포를 무찌르면 적들을 차단할 수 있으니,
회복할 수 있는 형세가 우리에게 충분합니다.
조정에서 빨리 지시를 내려 주시기 바랍니다.

지난날 전라병마사로 강진에 있었던 원균이
자신이 그토록 자신있게 했던 말을 번복하였다.
수군이 바다 밖에서 먼저 싸워야 합니다.
그러면 왜적이 상륙하지 못합니다.
제가 전에 바다를 지켜 이 일에 대해 익숙하므로,
지금 감히 침묵만 지키고 있을 수 없어

감히 외람되이 보고 드리는 바입니다.

상황은 언제나 파도처럼 바뀌는 것이다.
길목을 제압하는 것은 군사전략의 제1조 제1항인걸.
수군과 육군이 함께 공격해야 한다는 것은
리순신이 처음부터 주장해온 전략인 것을.
무엇이 달라졌는가? 사람만 바뀌었을 뿐이고,
남은 것은 그 능력의 차이에 따라 승패일 뿐.

원균에게 명령을 내려 모든 전선을 몽땅 집결시켜라.
한산도 앞바다를 지키게 하라.
전선을 이끌고 바다로 나가
왜적이 들어오는 길을 끊어 막아라!
도체찰사 리원익 도원수 권률이 명령하였다. 강요하였다.

아! 이를 어쩌랴!
백의종군은 무등병이라 말할 자격이 없고
저 공격명령은 수군전략에 어긋나잖니?
지금 이 작전은 병력집중의 원칙에서 어긋나고,
집중공격의 원칙에도 어긋나며,
육군 지원 없이 수군단독이라니,
모두 육전을 중시한 사람들로서
해전을 모르는 사람들의 결정이었다.
아! 패배의 원인이 싹트고 있구나.
아! 이 백의종군이 조선을 옥죄고 있구나.

작전상황이 바꾸어진 상황에서 원균은
육군의 지원 없는 출전에 명령을 들을 수 없었다.

부산으로 나가려면 앞서 해결되어야 할
지상군이 먼저 길목의 안골포 왜적을 공격해야
그 다음에라야 출동하겠다고 버티었다.

권률의 작전개념이 잘못되고
오히려 원균의 계획이 옳음이여!
비변사 도체찰사 도원수에게 말하노라.
육군전략만큼 수군전략도 중요하나니
수군의 일은 수군에 맡겨야 하며,
어느 하나라도 전혀 모르면
적을 모르고 나도 모르니
싸움마다 패배할 뿐이다.
不知彼不知己 百戰百敗!

권률은 고성[43]에서 원균을 불러서
그래. 나라가 네게 높은 벼슬로서 대우해 준 것이
한갓 편안히 부귀의 즐거움이나 누리라고 한 것이더냐?
임금의 은혜를 저버렸으니, 네 죄는 용서할 수 없다.

곤장이 원균을 내리쳤다.
이런 일이! 어찌 이런 일이!
한산도는 매 맞은 분통에 서러웠고,
수군전략을 알이 주지 못하는 안타까움에
나랏일의 위태로움을 술에 타 마시었다.

---

43) 조경남의 『난중잡록』에는 곤양(昆陽).

70. 전략부재, 예견된 삼도수군의 궤멸

조정의 이런 명령을 어기면
우리 세 사람이 죽을 뿐이다.
그 명령에 따라 진군하면
나라일이 크게 욕될 것이다.

삼도수군의 지휘관들에게 후방 지원 없는
수군만의 바다는 외롭고 후방 지원 없어도
그 바다로 나가지 않으면 안 되도록
권률의 출전 독촉이 더더욱 심해지니,
이래 죽으나, 저래 죽으나, 죽음은 하나다.
나가 싸우다 죽자!
아! 이것은 자포자기 아닌가?

그러자 밤은 깊어지고,
바람이 세차게 불어,
원균의 배들은 사방으로 흩어져
모두들 갈 길을 잃어 버렸다.
남은 배를 간신히 수습하여
가덕도에 이르렀다.
군사들은 너무 목이 말라

배에서 내려와 물을 마시는데,
숨어서 지켜보던 왜적들이 달려와 덮치므로,
우리 군사들은 어찌할 바를 몰랐다.
그리하여 이 싸움에서 400여 명을 잃어 버렸다.
원균의 일방적 패배 가덕도 전투다.

장수로서 군사를 쓸 줄을 모르면
그게 바로 나라를 적에게 넘겨주는 것이다.
밤중에 왜선이 습격을 하자,
원균의 군사는 크게 패했다.
원균은 도망해서 바닷가에 이르러,
배를 버리고 언덕으로 달아나려 했으나,
몸이 비둔해서 갈 수가 없어
소나무 아래에 앉아 있었고
참모들도 모두 흩어져 가버렸다.
원균은 여기서 죽었다 하기도 하고,
혹 피해 달아났다고도 전하는데,
확실한 것은 알 길이 없다.
경상우수사 배설 등은 겨우 빠져나왔으나,
우리 배의 불타는 연기는 하늘을 덮었고,

무수한 왜적들이 한산도를 향하여 내려갔다
원균의 칠천량 패전의 마지막 현장이다.

풍신수길은 좋아 미쳐 날뛰었다.
저들 군사가 많이 죽긴 했지만,
싸우며 공로를 세운 이들에게 모두 상을 내렸다.

원균은 자신의 수군전략을 끝까지
관철시키지 못한 잘못이 있다.
곤장 때문에!
권률은 육전만 중시하며 수군전략을 알지 못하고
수군을 이해하려 하지 않은 잘못이 있다.
선조도 마찬가지다. 그 죄는 더 크다.
육군도 수군도 어느 하나라도
업신여기거나, 버려서도 안 된다고 강조했거늘.

권률과 원균의 패배는 리순신 때문이다.
리순신이 지킨 바다는 패한 적이 없고,
수군의 패배를 보지 못한 도원수 권률은
리순신이 요구했던 수륙합동작전의 필요성을
늘 무시하며, 육군지원 해주지 않아도 이겨 왔기에
수군의 요구는 거짓말인 줄이나 알았었나봐.
그래서 수군전략쯤이야 알 필요가 없었던 게야.
결국 삼도수군을 궤멸상태로 몰아넣은 것이
리순신의 탓이구먼! 에힝!

남 탓하지 말라.

수군전략을 가볍게 보았던 탓이고,
패배를 알고도 출전한 탓이다.
권률은 곤장을 원균에게 줄 것이 아니라,
싸워서 이길 방책과 군사를 주었어야 옳았다.
칠천량 패전의 책임은 곤장을 쳐서까지 몰고 간
바로 도원수 권률의 몫이며,
비변사와 조정 대신과 선조임금 당신들의 몫이다.

리순신은 참으로 억울하게 감옥살이 했었지.
바로 그게 도원수 권률의 작품이었지.
그 전력 때문에 원균 한 사람만이 아니라,
나라를 파경의 직전으로 만들었구나.

수군전략 모른다 말은 못하고
곤장으로 위엄만 드러내었는가.
수군이 쓰러지고, 나라꼴이 위험해지자,
수군이, 저 원균이 잘못했다고만 말하는구나.

[명량대첩 장면]

제9장

전선 12척, 전설을 낳다

71. 리순신! 다시 일어서다

원균은 칠천량 해전에서 패했다.
삼도수군이 하루아침에 무너졌다.
리순신이 피와 땀으로 이루었던 수군이
또한 지난날 왜적의 간담을 써늘하게 했던 수군이
그렇게 지휘관도 전선도 없는 전멸을 고하였다.

신해년부터 7년 반 동안 피땀 흘려 이룬 수군,
한산진의 장엄한 모습은 꿈같은 시절이었나?
하루아침에 그 영광을 불태워버렸으니, 아!
꿈이었다고 말하자!
그들의 계책은 교묘했고,
우리는 모두가 그 꾀에 빠졌었고,…
아! 참으로 슬픈 일이다.

대신들은 왜 대답을 못하는가?
이대로 내버려 둔 채 아무 일도 하지 않을 작정인가?
대답을 하지 않으면 왜적을 물리칠 수 있는가?
그래도 국사를 잘 할 수 있단 말인가?
펄펄 뛰는 선조도 가소롭긴 마찬가지지만,
여전히 대신들은 여전히 묵묵부답이었다.

원균 한 사람에게만 핑계를 돌리지 말라.
리산해, 윤두수, 또또또 너희들이
너희들이 그렇게 만든 것이다.
또 남 탓이구나! 남 탓! 지청구 리더십!

일이 여기에까지 이르렀으니 어찌하면 좋겠소?
저요? 무슨 할 말이 있습니까?
네! 제발 부탁입니다.
헉! 허허허! 허허허!
굳이 그렇다면 내가 직접 해안지방으로 가서
현지의 사정을 듣고 본 뒤에 방책을 정하겠소.
고맙습니다. 고맙습니다.
권률과 리순신의 머쓱한 만남과 대화는 성공했다.

리순신은 자리에서 일어섰다.
그리고 아홉 명의 동지가 함께 했다.
송대립 류황 윤선각 방응원
현응진 림영립 리원룡 리희남 홍우공
어깨에 힘주고 함께 말 위에 올랐다.

여름은 햇볕만 뜨거운 게 아니다.
이 열 명을 태운 열 마리의 말발굽 소리,
아직은 무등병 백의종군의 연안답사 길,
사흘만에 눈병이 났다. 잠을 설친 탓이라.
불편한 몸이라 쉬고 앉아 있을 수도 없다.
군사를 모아야 하고,
백성들을 위로하고,
새벽부터 도와리가 고통을 준다.
구토와 설사를 해대고
몸을 차게 해서 그런가 싶어 소주를 마셨더니
그게 잘못 되어 인사불성이 되기도 하여
하! 깨어나지 못할 뻔했다.
사흘 동안 무척 아파 끝내는
배에서 잘 수가 없어
뭍으로 올라가서 방을 얻어 잤다.

내 잘못 했네 그려.
임진년 승첩이 있은 뒤부터
만리장성처럼 든든히 믿었어요.
지난번에 그대의 직함을 갈고
그대로 하여금 백의종군케 했던 일
잊어줄 수 없겠나.
역시 나도 사람이라
생각이 어질지 못함에서 생긴 일이고,
그래서 오늘 같은 패전의 욕됨을 당하고 말이야.
내가 그대에게 무슨 할 말이 있겠는가.
미안하이.

그대를 믿는 만큼 우리 소원 풀어주게!
다시 삼도수군통제사로 임명하노라!

이제 그대 알아서 하려무나.
다만 다시 확인하는 것이 있네.
수사 이하를 모두 지휘하며,
규율을 범하는 자는 일체 군법대로 시행하시오.
나라 위해 몸을 잊고 경우에 따라
나가고 물러나는 것들이야
이미 그대의 능력을 아는 바이니,
내 구태여 무슨 말을 많이 하리요.

72. 수군이 있기에 가능하다

그래.
살아 있는 한, 꼭 직무를 완수하여
반드시 나라의 치욕을 씻어보자.

나라 일은 급하여 일각이라도 지체할 수 없다.
행보역(行步驛)에서 잠시 쉬었다가 다시 강행군하니
날이 밝는다.
두치(豆峙)를 거쳐서 쌍계동 석주관을 지나
구례에 다다르니 해가 저물었다.
압록강원까지 행군하여 점심을 먹고,
곡성에는 관청도 민가도 모두 비었다.

재 너머에 하룻길을 두고
리순신이 지났던 길을 왜군들이
지나오고 있었다. 마치 숨바꼭질처럼.
지난날에 리순신이 곳곳의 왜신을
찾아 나서 격멸하였지만,
이번에 마치 빗방울을 피하듯이
왜군의 주력을 피하듯 움직였다.

옥과에는 피난하러 왔던 사람들이
나와서는 대환영이다.
말에서 내려 이들을 위로하고,
혹은 타이르기도 했다.
사또가 다시 오셨으니, 이제 우리는 살았습니다.
자, 우리 대감이 오셨다.
이제 너희들도 죽지 않을 것이다.
너희들은 천천히 찾아들 오너라.
나는 먼저 대감을 따라 간다이.

아직도 세상이 이러냐!
권세 있는 자에 아첨이나 하여
자기 자신이 감당하지 못할 지위까지 승진하여
나라의 일을 크게 그르친다.
조정에서는 반성함이 없으니 이 일을 어찌 하랴.

73. 어떻게 싸울 것인가

저 임진년으로부터 지금까지 왜적이
감히 충청도와 전라도를 침범하지 못한 것은
우리 수군이 그 길목을 지키고 있었기 때문입니다.
이제 신에게 오히려 전선 12척이 있습니다.
죽을힘을 내어 항거해 싸우면
오히려 할 수 있는 일입니다.

수군을 육군에 합치는 통합군이란 명령은
제발 거두어주시길 바랍니다. 만약에
이제 만약에 수군을 모두 폐한다면, 이것은
왜적이 만 번 다행으로 여기는 일일 것이고,
충청도를 거쳐 한강까지 쉽게 갈 것이므로,
그것을 신이 걱정하는 바입니다.

비록 전선은 적지만, 신이 죽지 않는 한에는
적이 감히 우리를 업신여기지는 못할 겁니다.
수군을 육군에 합치는 통합군이란 명령은
제발 거두어주시길 바랍니다. 부디 부디 부디.
조선 수군은 살아 있고, 저도 아직 살아있습니다.
수군이 있기에 조선이 건재함을 잊지 마소서!

수군 폐지를 더 강력히 반대할 수 있는 글을
찾지 못하여 해상 방어의 중요성만 말했다.
알아들어야 할 텐데 비장한 결의가 빠졌을까 싶어
초안을 확인하니 "신이 죽지 않은 한" 이란 말에
입술을 깨물고 장계를 봉하여 보내버렸다.
몸도 머리도 너무 피곤하였다.

백사정을 거쳐 군영구미에 이르렀다.
경상수사 배설과 만나기로 약속한 곳이다.
그런데 무인지경으로 이렇게 텅 비었을 뿐,
배설은 없고, 전선도 보내지 않았다.
실망은 컸지만, 어찌하랴.
장흥의 군량미를 취급하는 관리들이
군량미를 훔쳐내어 나눠 가지려던 것을 보고
이 관리들을 호되게 곤장을 쳤다.

회령포에 갔다.
기다리고 있던 배설은 배멀미를 핑계로
나오지를 않았다.
남아 있는 전선은 12척뿐.

전라우수사 김억추에게 전선을 수습하고서
거북함으로 단장하여 군대의 위세를 돋구어라!

우리 지금 다 같이 임금의 명령을 받들었으니,
의리상 같이 죽는 것이 마땅하다.
사태가 여기까지 이르렀으니,
한 번 죽음으로써 나라에 보답하는 것이니,
무엇이 그리 아까울 것이여!
오직 죽음이 있을 뿐입니다.

또 리순신은 사흘 동안 토하고 설사하여
인사불성까지 되었다가 겨우 깨어났다.
그래도 마냥 쉴 수 없는 노릇이다.
빨리빨리 이동하여 유리한 지역을 확보해야 한다.
회녕포에서 리진(梨津)으로 괘도포(掛刀浦)를 지나
어란포 앞바다로 이동하였다.
가는 곳마다 마을은 피난가고 비어있었다.

왜적선이 벌써 이진에 도착하였습니다.
배설이 리순신에게로 찾아 왔다.
전쟁 공포증 환자가 되어 있었다.
얼굴이 새파랗게 질려서 놀란 빛이 되어서는
빨리 다른 곳으로 이동해 가자고 말했다.
배설 수사는 그저 피하려고만 하는가?

장도(獐島)로 옮겨 대어 밤을 지냈다.
이튿날에는 벽파진으로 옮겨 정박하였다.

지금의 병력은 지난날의 1할도 못된다.
적은 병력으로서는 지난날과 같이
정면에서 격전을 할 수도 없는 일이다.
어떻게 싸울 것인가? 어떻게.

오늘밤에는 반드시 적의 야습이 있을 것이여.
여러 장수들은 미리 알아서 준비해두어라.
조금이라도 군령을 어기는 일이 있으면
군법이 가만두지 않을 것이여!
군법대로 시행할 것이야. 군법.
지금은 버틸 힘이 오로지 군법뿐이다.

꿈에 이상한 일이 있었다.
임진년 대승첩과 비슷하였다.
무슨 징조일까!
도대체 무슨 조짐일까?
그렇다면 또 혹시 대첩을 거둔다면…

74. 명량대첩, 세계 해전사의 진수

적선 200여 척 중에서 55척이
이미 어란포에 들어왔습니다.
경상우수사 배설은 도망가버렸습니다.
어떻게 싸울 것인가?

울두목[44]을 사수하라!
배수진은 이곳이다.
김억추, 쇠사슬을 걸라!

불가능합니다. 물살이 이렇게 센데요?
무모한 짓입니다.
어떻게 쇠사슬을 건단 말이요!

궁하면 통한다고 했소.
옛날에도 다 했던 방법이야요!

---

44) 울두목은 다른 말로 명량(鳴梁) 울두홍(熨斗袦)인데, 정약용의 『경세유표』 권3(郡縣分隷)에 "만력 임진년과 정유년 난리에는 오직 충무공 리순신의 힘을 입어서 왜적이 울두목을 넘지 못했다.〔至萬曆壬辰丁酉之難 獨賴忠武公李舜臣之力 賊不踰熨斗袦〕"이라 했다. 울두피(熨斗陂)와 같은 말인데, 당양현(當陽縣) 지강현(枝江縣)에 있다. 리중환의 『택리지』에는 삼지현(三枝縣)에 있다고 했다. 이 '三枝縣' 은 '지강현(枝江縣)' 과 같다.

병법에, 반드시 죽을 각오를 하면 살고,
살려고 하면 죽는다고 하였다.
또 한 사람이 길목을 잘 지키면
천 명이라도 두렵게 할 수 있다는 말
늘 들어 왔잖아요?
이 말은 모두 지금 우리를 두고 하는 말이오.
여러분들이 한사람이라도 군령을 어기면
군율이 있소. 사소한 잘못도 용서하지 않겠습니다.

쇠사슬!
노를 저을 필요도 없어요!
조류를 이용하면 가만히 있고 키만 돌려놓으면
저쪽 언덕까지 힘 안들이고 대일 거요.
그러면 쇠사슬 맬 곳까지 내려오면 되고요.
가볍고 가는 줄부터 천천히 내어주면 되는 거요.

그러자, 여러 군사들이 칼을 높이 들어 맹세하였다.
나가자! 싸우자!
싸워서 이기자!

이날 밤 신인(神人)이 꿈에 나타났다.
이렇게 하면 크게 이기고
저렇게 하면 패하게 된다.

계시를 받은대로 군사들에게 일러주었을 뿐이고,
리순신은 이날 밤 야릇한 흥분이 일었다.
혹시 이때 자신마저 의심스러웠다.
살아서 욕을 보기보다는 차라리
여기서 죽어나 버릴까?

9월 17일 갑진!
왜적선 333척 가운데 133척이 먼저
울두목의 입구까지 밀물을 타고 들어왔다.
전라우수사 김억추는 수중철색을 수로에
가로막고 있다.
되돌아갈 수 없는 물길에서 철색을 수면까지
팽팽하게 당겨만 놓아라!

그 철색에는 왜전선들이 걸려
저들 배끼리 부딪쳐 깨어지곤 했다.
넘어오는 몇 척에게 대포로 쏘아붙였지만,
워낙 왜적선이 많아 수중철색을 넘어 와서
조선수군의 전선을 몇 겹으로 포위하고
포를 쏘아대며 마구 다가왔다.
스스로 낙심하고 회피하려는 장수들을 불러
혼줄을 내주고 리순신은 앞으로 돌진하였다.
지자총통 현자총통을 일제히 발사하였다.

철환 조란환을 쟁이고 쟁여서 마구 쏘았다.
장군전 차대전이 바닥이 났다.
쇠뇌에 편전을 가득 넣어 마구 당겼다.
장전은 당겨볼 여유조차 없었다.
썰물로 물살이 바뀌어갔다.
물살의 방향 따라 왜적선도 따라갔다.

적선이 1천 척이라도 감히 우리 배를 당해내지 못한다.
조금도 마음을 동요하지 말고 힘을 다하여 적을 쏘아라!
안위야, 네가 군법에 의해서 죽고 싶으냐?
네가 물러난다고 해서 살 듯 싶으냐?
김응함! 너는 중군으로서 멀리 도망하여
대장을 구하지 않으니,
네 죄를 어찌 면할 것이냐?
당장 처형해야 할 것이지만,
전세가 너무 급하므로 우선 공을 세우게 한다.

예, 어찌 싸우다 감히 죽지 않겠습니까.
도저히 엄두가 나지 않아 멈추었을 뿐입니다.

31척을 쳐부수었다.
우리가 가진 배 13척보다 3배나 된다.
또 우리는 전사자 2명 부상자 2명뿐이다.
우와! 이는 실로 천행이다. 천행이다.
배홍립! 김억추! 안위! 김응함!
참으로 수고했네!
완벽한 승리였다.

75. 강강수월래의 전설

울두목 대첩의 비결이 무엇인가?
수중철쇄를 사용했던 과정에서
마을 아녀자까지 동원되어 벌였던 일
감아라! 감아라! 쉬어라! 쉬어라!
감아라! 감아라! 쉬어라! 쉬어라!

감감 수월래! 감감 수월래!
강강수월래! 강강수월래!
똑같잖니?
전선 13척 초탐선 32척으로 이기는 비결
귀신이 아니면 불가능한 것을
사람이 해낼 수 있었던 것은
남녀노소 할 것 없이 모두 힘을 합친
총력전이외다.

가장 무모하고
가장 황당하고
가장 열악한 조건에서
가장 완벽한 대첩!

민관군 총력전의 대명사가 울두목 전설이요
보름날 밤에 달이 떠오를 즈음에
한바탕 놀아봅시다. 대첩을 추억하면서요.
손에 손잡고, 깡충깡충 뛰면서
강강수월래! 강강수월래!
강강수월래! 강강수월래!

늦은 가을은 겨울처럼 춥고,
바닷바람은 체감온도를 더더욱 춥게 하니
군사들이 입고 있는 엷은 옷을
두꺼운 겨울옷으로 대치할 방도가 없구나.

고민은 더욱 깊어 가는데,
한양의 조정에서 알아주었으면 하는 생각이야
그림의 떡이고 지금까지 명령만 내려주었지
군사 한 명인들, 쌀 한 톨인들 받아본 적이 없잖은가.

전쟁을 위한 다른 무기류도 군사들에게 필요하지만,
우선 당장은 추위를 넘길 수 있는 옷과 군량이다.
먹고 입고 잠잘 곳이 있어야 싸울 수가 있잖는가?

궁하면 통한다던가?
어외도에 이르니 3백여 척의 피난선들이
명량대첩을 치하하면서 양식을 갖고 와
군사들에게 나누어주었다.
그 고마움에 눈물이 쏟아진다.

여보시오! 왜적의 대선단이 바다를 뒤엎는데
너희들은 어찌하여 여기에 머물러 있는가?
저희들은 대감만 믿고 여기까지 따라온 것입니다.
그러면 내 명령대로 하겠소이까?
어찌 감히 명령에 복종하지 않겠습니까!
지금 날씨는 추운데 군사들이 옷도 없고 밥도 없으니,
무슨 힘으로 적과 싸울 수 있겠느냐.
쓰고 남은 옷과 양식을 조금씩이라도 보태어 주면
그것으로써 적과 싸울 수 있고,
그러면 너희들도 살 수가 있을 것이다.

어느덧 백성들의 눈물 어린 양식과 의복이 확보되었다.
군사들은 추위를 면할 수 있었고,
많은 피난민들은 리순신이 가는 포구마다 따르고
여러 곳에서 도움을 받아 상부상조하였다.

76. 아들 면의 죽음, 가슴에 박힌 못

10월 14일!
밤 2시쯤에 꿈을 꾸었다.
내가 말을 타고 언덕 위를 달리다가
말이 실족을 하여 개천에 떨어졌으나
넘어지지는 않고,
막내아들 면이
나를 붙들어 안으려는 것 같은 형상을 보고 깨었다.
무슨 징조인지 모르겠다.

실로 리순신의 꿈은 현실로 나타났다.
이 날 저녁 천안에서 사람이 집안 편지를 전했다.
봉함을 뜯기도 전에 뼈와 살이 먼저 떨리고
심사가 혼란했다.
겨우 겉봉을 뜯어보니,
거죽에 "통곡(慟哭)" 이다.
아! 셋째 아들 면이 전사한 것을 직감하고
자신도 모르게 소리내어 울었다. 엉엉엉엉.

하늘은 어찌하여 이다지도 어질지 못한가.
간담이 타고 찢어지는구나, 찢어지는구나.

내가 죽고 네가 사는 것이 이치에 맞는 일이 아니냐.
네가 죽고 내가 살았으니,
이런 괴상한 일이 어디에 있느냐.
천지가 깜깜하고 해조차 빛이 변하였구나.
슬프다! 내 아들아!
나를 버리고 너는 어디로 갔느냐!
남달리 영특하더니,
하늘이 이 세상에 머물러 두지 않는 것이냐!
내가 지은 죄 때문에 화가 너에게 미쳤단 말이냐!
내 이제 세상에 살아 있는 들
누구에게 의지하고 살 것이냐!
너를 따라 같이 죽어
지하에서 같이 울고 싶건마는
너의 형이나, 너의 동생이나, 너의 어머니가
의지할 곳이 없게 되므로
아직은 살고 연명이야 한다마는
마음은 죽고 형태만 남았구나.
소리내어 울부짖으며 통곡하고
또 통곡할 따름이다.
하룻밤을 지내는 것이 한 해를 보내는 것 같다.
한밤 늦게 비가 내렸다. 비가.

아! 이 인간적 파토스(pathos)의 극치여!
이대로 인간답게 살다가 가고 싶어라!
차라리 능지(陵遲)되고 처참(處斬)이라도 돼버리면
능소화(凌霄花)로 피어나서 바라볼 수 있을지라도
이토록 쓰리고 아픈 눈물은 흘리지 않아도 될 것을.

지금 성웅이란 이름으로 나를 포장하지 말라!
아들의 죽음에 아비의 가슴은 못 박힌 혈관이 멎어버렸구나.
어머니의 잃음도 모자라 반년도 채 되지 않아서
또 이렇게 큰 시련이 다가와 통곡하고 또 통곡하노라.
한없이 가냘픈 이 인간의 초라함이여!
통곡하고 또 통곡하노라. 하늘이 또 무너지도다!

77. 보화도, 강한 수군 건설의 터

보화도에 따라온 1천여 명의 군사들
의복과 군량을 어떻게 해결할까?
걱정만이 머리 속에서 배좁았다.

뱃길에서 만난 사람 속에 누가 있나?
조선사람 가장한 왜놈이 있을지도 모르지.
그래. 뱃사람에게 도움을 청해야지.
수로에 통항은 반드시 필요하고,
왜적 놈은 반드시 찾아내야 하고,
반드시 검문을 받아내야 하는 교집합에서
해로통행첩(海路通行帖)이라! 그래 맞다.

모든 어부들에게 알립니다.
3도 연해를 통행하는 배들은 공적이든 사적이든
확인한 증명서가 없으면 왜의 간첩으로 인정할 수밖에 없다.
통행하려면 모두 와서 통행첩을 받아가시오.
모두 협조해주면 편안히 고기잡을 수 있다.

대선은 3섬, 중선은 2섬, 소선 1섬이다.
양곡을 싣고 다니던 피난선인지라

곡식을 갖다 바치고 통행첩을 신청하니,
열흘이 못 되어 1천여 섬의 군량을 모았다.

전선을 건조하고 무기를 만드는 데
피란민들에게 도와줄 것을 요청했다.
포구마다 다니면서 구리와 쇠를 거두어들여
대포를 새로이 그리고 많이 만들었다.

근처의 백성과 피난민들에게도 눈이 있다.
보이는 눈에 리순신은 신기로울 정도다.
그저 주고 싶었다.
그저 바치고 싶었다.
해로통행첩에서 내는 것뿐만 아니라
스스로 양곡과 의류를 비롯하여
군사들에게 필요한 물자를 바치었다.
고하도의 군사력은 날이 갈수록 늘어갔다.

논공행상이 이루어졌나 보다.
여러 군사에게 줄 상품이 내려왔다.
군사들에게 나누어주면서 기뻐하였다.

잇따라 승진될 사람도 많이 있었다.
군사들의 사기는 한층 더 앙양되었다.

면사첩을 받았다.
당대뿐만 아니라, 그 자손까지도 사형을 면한다.
내가 무슨 죄를 지었기에 죽이지 않겠다고?
이런 증서 받고 보니 화만 치민다.
정말로 공로가 많아서 주는 특별상이라면
죽음만은 면해준다는 말 대신에
특진시키고 특별상품을 넘치게 주어야지
늘 죄인 다루 듯 하는 이런 조치는 싫다. 정말.
내가 무슨 죄를 지었다고.

꿈에 전사한 아들을 보았다.
잠을 깨어 소리 내어 울었다.
슬픔이 북받쳐 마음 놓고 울지도 못해서
소금 굽는 종 강막지 집으로 들어갔다.
남몰래 울었다. 펑펑펑펑 울었다.

아! 보화도, 고화도라던 고하도.
간곡한 정곡이 서린 그 곳.
칠천량 해전으로 패망한 조선 수군을
다시 일으켜 세웠다. 꿋꿋하게.

78. 고금도, 왜 강한 수군 건설인가

가자! 나가자!
나를 죽이는 자는 적이다.
우리를 죽이는 자는 적이다.
우리나라를 침략하는 것은 적이다.

우리 땅에 적이 발을 딛게 하는 건 이적행위다.
우리나라에서 적이 먹는 것을 놔두는 것 이적행위다.
적에게 우리 물건 하나라도 넘겨주는 것 이적행위다.
적에게 우리 정보 한마디라도 해주는 것 이적행위다.

소서행장의 왜군 부대가 순천에 있다.
먼 곳에서 먼 곳의 적을 칠 수 없다.
가까이에서 가까운 적을 몰래 쳐야 한다.
전쟁은 적을 속여서 이기는 것이다.

왜적과는 1백 리 사이의 진이라 걱정되지만,
위험에 도전하지 않으면 어찌 이기랴.
설사 공격하지 않더라도 저들이 함부로 못 다니게
전략적 견제가 필요하지 않는가. 그렇다.

보화도에서 많은 성과를 거두었던
해로통행첩을 그대로 계속하였다.

지혜를 짜내며 소통할 운주당을 지었다.
소금을 구워 팔았다.
고기를 잡아서 팔았다.
구리와 무쇠를 사들여 무기를 만들었다.
나무를 베어 와서 전선을 만들었다.
목장을 만들고 싸움말[戰馬]을 키우며,
군사를 모으고 훈련을 실시하였다.
1500호였던 민가가 수만 호로 되었다.

새치의 수염과 머리털이 백발이 되었다.
얼굴은 깡마르고 입술은 위로 말렸다.
초췌한 모습, 그 말 그대로다.
흘릴 눈물이 있다는 것만으로도 행복하다.

오라! 풍신수길의 졸개들아, 오라!
나 리순신이 살아있다, 이렇게.
내가 살아 있는 한에는 절대로
절대로 너희들은 이길 수 없다.
한 척도, 한 놈도 살아서는 돌아갈 수도 없다.

송나라 역사를 읽고서 진정으로 말하노라.
어허! 이 때가 어느 때인데,
저 리강(李綱)[45]은 가려고 하는가!

---

45) 리강(李綱: 1085~1140) : 자는 백기(伯紀). 소무(邵武) 사람. 송나라 때의 재상. 1126년 (靖康)에 병부시랑이었는데, 금나라가 침입하자, 조정에서 싸워 물리칠 것을 주장했는데, 진회(秦檜) 등이 화친을 주장하고 나서며, 그를 귀양보냈다. 이듬 해에 고종(高宗: 趙構, 1127~1162)이 즉위하여 불러들여 재상을 삼았다. 그런데 황잠선(黃潛善) 등이 그의 모든 정책을 방해하자, 70일 남짓만에 파면되어 물러났으며, 이때 그는 세상을 탄식하고 숨어버리려는 뜻을 가졌었다.

가면 또 어디로 가려는가?

무릇 신하된 자로서 충성함에는
죽음이 있을 뿐이지, 다른 길은 없다.
그 때야말로 종사의 위태함이
마치 터럭 한 가닥으로
천만 근을 다는 것과 같아
정히 신하된 자는 몸을 버려
나라의 은혜를 갚을 때인데,
줄곧 간다 간다고 하는 말은
진실로 마음에 생각도 내지 못할 말임에도,
하물며 어찌 입 밖으로 낼 수가 있단 말인가.

그러면 내가 리강이라면 나는 어떻게 할까.
몸을 헐어 피로써 울면서 간담을 열어 젖히고서
사세가 여기까지 왔으니
화친할 수 없음을 밝혀서 말할 것이요,
아무리 말하여도 그대로 되지 않는다면
거기 이어서 나는 콱 죽을 것이다.

또 그렇게 하지도 못한다면,
짐짓 화친하려는 계획을 따르는 척하다가
몸을 그 속에 던져 온갖 일에 낱낱이 꾸려가며,
죽음 속에서 살 길을 구한다면,
만에 하나라도 나라를 건질 도리가 있을 것이다.

그런데 리강의 계획은 이런데서 내지 않고,

그저 피하여 가려고만 했으니,
이것이 어찌 신하된 자로서 몸을 던져
임금을 섬기는 의리라 할 수 있겠는가.[46]
충성이 그렇더란 말인가?

46) 『李忠武公全書』 권1 雜著 讀宋史;『草書體 亂中日記』 "嗚呼 玆何等時 而綱欲去耶 去又去耶 夫人臣事君 有死無貳 當是時也 宗社之危 僅如一髮之引千鈞 玆正人臣捐軀報國之秋 去之之言 固不可萌諸心 況敢出諸口耶 然則爲綱計 奈何毁形泣血 披肝瀝膽 明言事勢至此 無可和之理 言旣不從 繼之以死 又不然 姑從其計 身豫其間 爲之委曲彌縫 死中求生 萬一或有可濟之理 綱計不出此 而欲求去 玆〔置〕豈人臣委身事君持義哉"

79. 진린, 대인답게 처신하시오

형개(邢玠)는 공개적으로 나섰다.
장강의 남쪽 수병을 모집했다.
진린은 광동성 광주의 병사를,
류정은 사천성의 병사를,
등자룡은 절강성과 직례성의 병사를
앞서거니 뒤서거니 거느리고 왔다.

진린은 왜적을 막아내는 총병관이 되어
절강의 수군 5백여 척을 거느리고 왔다.
거만하고 난폭하기로 소문난 진린이다.
임금도 류성룡도 모두 걱정이 태산이다.

주라! 그러면 받을 것이다.
추켜 줘라! 그러면 기뻐할 것이다.
원칙으로 따져라! 그러면 따를 것이다.

진린에게 해본 훈손이다.
마중 나가 정중히 잔치 벌였다.
산의 사슴 돼지를 잡아 먹이고,
바다의 물고기를 잡아 먹이고,

술과 음식을 배부르도록 먹였다.

간단했다.
거만은 거시기 없었어.
난폭은 거시기 없었어.
오만도 거시기 없었어.
중국 수군들은 모두 취했고,
모두 배 두드리며 환성했다.

당신이 최고야! 당신이 최고야!
아니 당신 최고 아니야!
절이도 왜적선 보고서 구경만 하던 중국군이
조선수군이 바다에서 50여 척을 불태우고
왜놈 71급을 베며 많은 전과를 올리자,
샘났다.
줄 거야? 안 줄 거야?
협박이다. 공갈이다. 공갈협박이다.

그래 줄께! 줄께!
우리 26급만 하고,
진린 니 40급 하고, 계금 니 5급 하고,
되었지? 모자라니?

노야(老爺)는 중국수군 대장이요,
왜적을 치러 우리 조선 땅에 왔으니,
우리 수군의 승리는 곧 노야의 승리입니다.
노야는 싸움터에 온 지 얼마 되지 않은데도,

황제에게 수급을 많이 바치게 되었으니,
어찌 기뻐하지 아니하겠습니까?

허허허! 내가 중국에 있을 때부터
그대의 명성을 많이 들었는데,
이제 보니 과연 헛소리는 아니었소이다.
오늘은 하루 종일 실컷 마셔봅시다.
네, 그렇게 합시다.

진린의 행패는 거칠어졌다.
공명심은 많은데 능력은 없고
구태여 목숨 걸고 싸울 것까지야 없고
성질만 부리면 왜적의 수급은 바쳐 오고,
부려라, 그까짓 행패쯤이야.
또 부려라, 공갈협박쯤이야.

이사한다! 소문내라!
민가를 철거한다!
의복과 이불을 주섬주섬 배에 실어라!
다시 소문내라! 이사한다!

여보시오! 어디로 가는 거요?
흥! 우리나라의 군사와 백성들은
귀국의 대장이 온다는 말을 듣고,
마치 부모가 찾아나온 것처럼 우러러보았습죠.
그런데 이제 귀국 군사들이 행패를 부리고
약탈하는 것으로만 일삼기만 하니

백성들이 살 수가 없어요. 그래서
모두 다른 곳으로 피하려고 합니다.
그래서 나도 대장인데 혼자 여기 있을 수 없어
같이 배를 타고 다른 곳으로 옮기려 합니다.
그렇게 여쭈어라!

아이쿠! 깜짝이야. 놀랐지비.
진린이 허둥지둥 달려 와서
손부터 덥석 잡고 리순신에게
무슨 일이냐고 간절히 만류하였다.
잘못 했으면 빌어야지. 뻣뻣하군요.

하라는 대로 하겠습니다. 가지만 마오!
대인이 내 말대로 하면 그렇게 하겠소.
하다마다요. 하다마다요.
그럼, 귀국 군사들을 내가 제재할 수 있는 권한을
허락해 주시겠습니까? 어떠하시오?
그렇게 하겠소. 그렇게 하겠소.

1592년 6월 18일 선조가 중국군에게
스스로 넘겨주었던 작전지휘권을
이제야 리순신이 그런 권한을 도로 찾았다.
이 뒤부터 중국 군사들을 리순신이 군율로써 다스리자,
중국 군사들은 리순신을 진린보다 더 두려워했다.
물론, 약탈행위가 없어졌고 온 군중(軍中)은 안정되었다.

리야(李爺)는 작은 나라에서 살 사람은 아니오.

하늘과 땅을 마음대로 주무르는 재주가 있고
뚫어진 하늘을 기워 태양을 빛나게 하는 공로가 있구려!

영광의 한산도!
풍신수길의 침략에 사형선고를 내렸었지.
도약의 고금도!
강한 수군 건설이 풍신수길의 꿈을 접게 했지.

[마지막 해전 노량 관음포 대첩]

제10장

노량대첩, 최후의 값진 헌신

80. 일본군 철수 명령은 내려지고

죽지도 않고 살았구나!
분통이 터져 죽었을 텐데.
풍신수길, 너!
결코 죽어서도 나를 이기지 못해!
나는 이미 너의 죽음을 보았노라!
한 척의 배도 돌아가지 못하리라!

7월 17일에 풍신수길이 복견성(伏見城)에서 죽었다.
이미 죽었단 소문은 들었지만, 8월 18일에 알았다.
7년을 두고 무수한 인명이 살상될 대로 살상되고,
강토를 유린할 대로 유린하다가
이제 와서 저희들이 돌아가고 싶다고 해서
그저 되돌아가면 되는 것처럼
그대로 내버려 둘 수는 없다.
한 놈의 왜적도 살아서는 돌아가지 못하리라!

지금까지 흘린 동포의 피는 나의 피요,
지금까지 죽은 동포의 목숨은 나의 목숨이다.
한 척의 배도 못 돌아간다.
한 놈도 못 돌아가게 할 것이다.
함부로 온다간다 말하지 말라!
지은 죄만큼 반드시 받게 해야 한다.

81. 조명 연합군, 예교성 수륙 합동공격

고금도를 출항했다.
장도의 길에 오른 비장한 마음을
205일만에 펼쳐 보일 때다.
수군은 강해졌다.
강한 수군은 강하고 천하에서 으뜸이다.[47)]

싸워야 한다.
싸워서 이겨야 한다.
아버지의 원수를 갚아야 하듯이
지금은 우리 동포의 당장의 복수다.
그래, 철수하라! 빨리 철수하라!
그때까지 너희가 준 고통만큼 받으리라.

진린이 오랫동안 리순신의 호령을 보았다.
진린은 비록 배가 많아도 싸울 때마다
우리 판옥선에 같이 올라타고
리순신의 지휘를 받았다.
조명연합함대는 리순신의 말에 움직였다.

---

47) 李瀷(1681~1763), 『星湖僿說』 권17 人事門 朝鮮兵. "鮮兵甲於天下可也."

나로도 유도 장도로 진군했다.
서북쪽에 예교성에 소서행장 군이 있다.
제독 류정의 하는 짓이 이상하였지만,
이른 아침부터 우리 수군은 먼저 나아가
정오까지 싸워 수많은 왜놈을 죽였다.
불행히 사도첨사 황세득이 탄환에 맞아 전사하고,
리청일도 전사했다.
제포만호 주의수 사량만호 김성옥
해남현감 류형 진도군수 선의경
강진현감 송상보는 탄환에 맞았으나, 죽지는 않았다.
나랏일에 죽었으니, 그 죽음이야말로 영광스럽다.

우리 수군은 중국 수군과 합세하여 공격하였다.
육군은 관망만 하고 싸우지 않았으므로,
오로지 수군만이 공격전을 벌였으며,
우리 수군은 혈전하였다.
예교성에 있는 소서행장을 끝장내려 싸웠다.

오늘밤이 조류가 이로워 싸움을 하겠다고
총병 류정에게 서신으로 허가를 받았다.
장수들을 통솔하여 전함을 전진시켰다.
마을의 군사들이 있는 힘을 다하였다.
보누늘 제 봄을 돌보지 않았다.
왜적선들을 불태웠다.

왜적은 산성 위에서 조총을 쏘았다.
한창 싸움이 격렬히 벌어졌다 생각될 즈음에,

마침 조수가 막 빠져나가는 것을 보았다.
썰물이 시작되면 건잡을 수 없다.
곧장 손짓하여 병사들을 물려야 했다.
아무리 고함소리를 질러 불렀지만,
대포 소리가 우레 같고 천지를 진동하니,
부르는 소리를 듣지 못하여 물러나지 못했다.

사선 호선 등 39척이 모래톱에 얹혀버렸다.
왜놈들에게 빼앗기지 않도록 해야 하기에
진린은 스스로 불을 내어 불태워버렸다.
이기고도 피해가 많아 참으로 찝찝한 전투다.
전투는 순발력이고, 임기응변임을
진린은 이로써 뼈저리게 느낄 것이다.

82. 길 열어주오, 애걸하는 소서행장

리순신은 하루 종일 예교 앞바다에서 시위했다.
왜적선은 단 한 척도 나오지 않았다.
바짝 압박하여 해상봉쇄선을 장도까지로 전진시켰다.
왜적은 더 이상 견딜 수가 없었다.
도독 진린에게 뇌물공세를 하였다.
제발 도망갈 길을 터 주세요.

소서행장은 뇌물로써 접근했다.
돼지와 술 두 통을 바쳐 왔다.
도독부는 왜적선을 마중해가면서
가리지 않고 받아들이니 배부르겠다.
도독의 진중이 뻔질나게 바쁘다. 저래서야.

소서행장은 이제야 천자의 위엄에 두려워서
류정에게는 수급 2천을 보내고,
진린에게는 수급 1천을 보낼 터이니,
본국으로 돌아가도록 길을 터 달라.
간청하며 애걸했다.

소서행장은 매일 술과 안주, 창과 검을
진린에게 보내어 공명심을 자극했다.
남해에는 내 사위가 있으니, 데려와야 해요.

바라건대 이 배를 남해에 보내게 해주세요.
간청하며 애걸했다.

리순신에게도 와서 뇌물이며 속였다.
이것들아! 속이려 거짓말을 믿어서는 안 된다.
사위를 청해 온다는 말은 원병을 청한다는 말이다.
결단코 왜적선을 통과시키는 것을 허가하지 말라.
진린이 듣지 않고, 왜놈이 작은 배 1척을 내보냈다.

남해 대마도에 있는 종의지를 불러 상의한다는 말도
이적행위다.
왜적선의 통과를 묵인하여 준 것도 이적행위이다.
참으로 서글픈 일이다.
왜놈의 뇌물공세는 더 잦아지고,
뇌물에 눈이 어두운 진린은 더욱 거칠게 굴었다.
아예 왜적의 소굴로 들어가서
진문동이 뇌물을 받아왔다.

왜적이 돌아간다니 그냥 놔둡시다.
구태여 목숨 걸고 싸울 필요가 뭐 있소?
그냥 내버려 둡시다요. 그냥요.

대장은 강화에 대해서 말할 수 없소이다.
그리고 원수들을 그냥 놓아 보낼 수도 없소!
고개를 들지 못하는 진린은 부끄러웠다.
이놈들아!
임진년 이후로 너희 왜놈들을 무수히 잡았고,
총과 칼을 얻은 것만도 산더미처럼 쌓여 있다.

어서 가지고 썩 물러가라!

나는 잠깐 고니시를 내버려두고,
남해로 가서 거기 있는 적들을 토벌하려 하오.
여보시오. 진 도독! 아니 되오.
더욱이 남해의 사람들은 왜적이 아니라,
모두 사로잡힌 우리 동포들이외다.
이미 적에게 붙었으니, 적과 마찬가지 아니오?

황제의 명령이 적을 무찔러라 했을 터인즉,
어찌 우리나라 사람들을 구원해 주지는 못하고
장군은 도리어 적을 살려 보내고,
우리 백성들을 죽이려고 한단 말이오?
나야 한 번 죽는 것은 아깝지 않소이다.
나는 대장이 되어 결코 적을 놓아주고,
내 동포를 죽이라고 내버려 둘 순 없소!

소서행장은 이대로 그냥은 물러설 수는 없었다.
늦으면 늦을수록 죽음이 있을 뿐이다.
어떻게 해서라도 탈출해야 했다.
소서행장은 마지막으로 진린에게 속임수를 썼다.

지금 남해에 있는 우리 진으로 사람을 보내어
함께 돌아갈 약속이라도 할 수 있게끔 해주시오.
통선 1척만 나가게 하면 됩니다.

지나갔다. 빠져나갔다.
왜적의 통신선이 빠져나갔으니,
반드시 적의 후원군이 곧 오게 될 것이다.

우리는 미리 바다로 나가서 싸우는 것이 낫다.

진린의 배신행위 하나가 장차 얼마나
큰 화를 불러오게 될지를 생각하면,
우리로서는 진린을 원망하기보다는
오히려 욕설이라도 퍼붓고픈 심정이다.
그는 혼이라도 용서 빌어야 할 잘못을 저질렀다.

말하지 않았다. 꼭 말이 필요해?
이미 엎질러진 물일 바에는
위급해진 사태를 수습하는 일뿐이다.
함께 행동해야 할 것만을 청했다.

밤이면 천문을 보고, 낮이면 인사를 살폈더니,
동방의 대장별이 희미해졌습니다.
머지않아 그대에게 화가 미칠 것입니다.
그대는 어찌 이를 모르시오?
아시고도 어찌 제갈무후의 비방을 쓰지 않는 게요?

나는 충성이 무후만 못하고,
덕망이 무후만 못하고,
재주가 무후만 못하여,
모두 다 무후만 못하니,
비록 무후의 법을 쓴다한들,
하늘이 어찌 들어줄 리가 있으리까.

83. 마지막 그 맹세

이 원수 놈들을 무찌른다면
지금 죽어도 여한이 없겠습니다.

소서행장의 횃불을 보았다.
예교성 앞 밤바다는 불빛으로 대낮같다.
문득 대야에 깨끗한 물을 떠와 손을 씻었다.
혼자 갑판 위로 뚜벅뚜벅 올라갔다.
무릎을 꿇고 하늘에 빌었다.
천지신명이시여! 굽어보소서.

대장별이 병들었으니, 재앙을 물리치는 방법을 쓰시오.
진린의 말이 귀에 쨍하다.
문득 큰 별이 하늘에서 바다 위로 떨어졌다.
아! 그렇게 되겠거니.
큰 공로 세울 적에 대장별이 떨어졌네.
그 충정 생각하니, 눈물이 흐르는구나.

이 원수 놈들을 무찌른다면
지금 죽어도 여한이 없겠습니다.
그 빛나는 대장별 하나 바다에 던지다.

84. 대장별, 관음포에 지다

병정들에게 방어래를 입에 물렸다.
북도 눕혀 놓고 조용히 진군했다.

노량에서 관음포로 몰아라!
관음포는 막다른 골목입니다.
아니다. 왜놈을 몰살해야 한다!
조선을 짓밟아 놓은 그들을 돌려보낼 순 없다!

마지막 발악은 위험합니다.
달아날 구멍이 없습니다.
그래. 그 빠져나갈 틈없는 거기서 끝낸다.
자못 위험하게 되면…

왜적이 배 위로 올라가려 하자,
진린의 아들 진구경이 몸으로써
적을 막아내다가 왜적에게 부상을 입고
피를 줄줄 흘리면서도 저항하고 있을 때,
기패관이 창으로 왜적을 찔러 죽였기 때문에
진구경이 죽음을 겨우 면하였습니다.

11월 19일 오전 10시쯤!
관음포 바람 찬 겨울 바다!
연합군의 맹렬한 공격은 쉬지 않았다.
왜적의 공격은 막다른 골목이다.
더 이상 물러서지도, 빠져나가지도 못하는 그 순간
피웅!

바로 이때였다.
왜적의 탄환이 날아왔다.
헉! 맞았다. 왼쪽 가슴에
겨드랑이 쪽을 관통하고 나갔다.
심장 근처에 치명적인 부상을 입었다.

방패로 내 앞을 가려라!
지금 싸움이 한창이다.
내가 죽었단 말을 하지 마라!
군사들이 놀랄까 걱정이다.
곡소리 내지도 마라!

죽은 순신이 산 왜적을 쳐부수었다. [死舜臣破生倭]

사람을 알아보는 눈이 있어
전라좌수사로 천거했던 그,
임진왜란이 끝나는 그 날에
령의정 류성룡이 파직되었다.

푸른 물감 칠해진 고개에는 전설이 살아서
지략있는 류운룡(柳雲龍)[48]이 운하를 내었다.
어느 날 몰래 정탐하러온 왜놈이 수상하여
극진히 대접하여 술을 잔뜩 마시게 하여
잠에 빠지게 해놓고는 행랑을 뒤졌다.
조선 지도가 나왔는데, 매우 자상하였다.
잠시 생각에 관음포에서 붓으로 쭉 그으며,
푸른 물감으로 덧칠하니 가청령(加青嶺)이 되었다.[49]

뒷날 노량에서 푸른 물길 따라 관음포 안으로
그 안으로 들어가니 뱃길이 막혔다. 가청령이다.
수백 척 왜적은 온전히 도망한 것이 50척이고
나머지는 모두 격침되었다.
남해 가청 고개의 전설이 되었다. 속싯개처럼.

---

48) 서애 류성룡(柳成龍)의 형.
49) 『南海文化遺蹟誌』(남해문화원, 1996), p. 610.

85. 통곡, 바다와 하늘에 사무친 소리

파면. 파면.
구속. 고문. 고문.
백의종군. 백의종군.
아! 그리고 전사!

죄 없는 죄인의 삶은 참으로 고통스럽다.
아무런 죄가 없는데도 덮어씌운 죄에
운다고 해결될 것도 아닐 바엔
일부러 죽이려 고문하는 것쯤이야.
그 고문에 죽을 수도 있지만,
하늘은 스스로 돕는 자를 돕는다.
반드시 천행天幸은 있을 것이다.

11월 24일(일본 달력 25일)
일본군의 마지막 부대가 부산을 떠났다.
도요토미 히데요시의 7년 동안 조선 침략은 무모했으며
일본군의 패배로 끝났다.
죽어서도 이기지 못한 임진왜란!

싸움이 끝나면서 진린이 와서

리순신 통제사가 전사했음을 듣고
진린은 깜짝 놀라 배 위에서 세 번이나 넘어졌다.

그대는 살아 있을 때도 나를 구해주었고,
죽은 뒤에도 나를 능히 구원해 주었구려!
그대 따라 공을 세웠으니, 그대 따라 죽어야 했거늘.

제 몸 죽어 나를 살리고
우리를 살리고 나라를 살리셨다.
경천위지지재(經天緯地之才)
보천욕일지공(補天浴日之功)!

86. 리순신, 세계 제일의 영웅

당신의 이름은 유럽의 우린 잘 몰라요.
어려운 한문으로 남은 문헌이지만,
공적으로는 어떤 지휘관보다 맨 앞줄에 있어야 하고
전투의 역사로도 어떤 지휘관 보다 가장 위대하지요.

천지신명의 가호(加護)가 있지 않았다면
어찌 그런 완벽한 승리를 거두었을까?
광범하고도 정확한 전략적 판단을 하였고
남이 따를 수 없는 특출한 전투 기술을 가졌고,
누구나 따르고 싶어 하는 리더십을 가졌어요.

싸우면 이기고, 이기고 싸웠으니,
전쟁의 원칙을 넘어 당신은 위대하다.
용감한 공격도 과감한 후퇴도
역사에서는 모험처럼 보였던 실전이었어요.

넬슨[50] 제독과 군이 비교한다면

---

50) Horatio Nelson(1758~1804) : 1805년 10월 에스파냐의 트라팔가 해전에서 27척의 전함으로 프랑스 에스파냐 연합함대 33척과 싸워 이기고 전사함으로써 그 뒤로 100년 동안 바다를 제패하였다.

기회를 놓치지 않았고
적의 공격에는 주저하지 않았고,
성공을 위해 세심한 주의를 기울인 것은 비슷한데,
리순신은 특히 거북함을 만들었듯이
기계발명에 대한 비상한 재능을 갖고 있었네.[51)]

장군이라면 예로부터 신출귀몰했다.
정공법도 기습공격도 능했고,
합동공격도 게릴라공격법도 능했다.
나폴레옹이 유명한 것도 바로 그 때문이다.

서양 사람들은 넬슨을 들먹이지만,
동양에서는 그를 능가하는 리순신이 있다.
불행히도 조선에서 태어났기 때문에
그 뛰어남 하나도 서양에 전해 줄 가치가 있다.

서양에서 리순신에 필적할 자를 찾는다면
네델란드의 제독 드 롸이테르[52)]는 되어야지
넬슨은 그 인격에 있어서 어깨를 견줄 수 없다.
리순신 장군은 거북함을 발명한 사람이며,
300년 전에 이미 훌륭한 해군전술가였고
싸움마다 이긴 탁월한 전쟁 지휘관이었다.[53)]

---

51) *George A. Ballard, The Influence of The Sea on The Political History of Japan, Chapter 2 The Korean War of the 16th Century,* (New York; E.P. Dutton & Co., 1921), pp. 50~51.

52) Michiel Adriaanszoon de Ruyter(1607~1676) : 천부적으로 태어난 네덜란드의 뱃사람. 특히 1672년 영국 솔베이 앞바다와 1673년 오스테데 케이크도인 앞바다에서 수적으로 우세한 영국 프랑스 연합함대와 싸워 이기기도 하였다.

53) 사토 데츠다로(佐藤鐵太郎), 『帝國國防史論』, (水交社, 1908), p. 399.

87. 임금이 믿었던 그 곳

하늘이 우리나라에 재앙을 내렸구나.
나는 그 많은 고난을 견디지 못하고
구묘(九廟)[54]가 피비린내로 더러워짐을 통분히 여기며,
차마 얼굴을 들 수가 없었노라.[55]

태산이 숫돌 만해지고
황하가 허리띠 만해지도록 맹세하였지.
그래서 그대에게 수사의 작전권을 주었을 적에
만리장성처럼 그대를 믿었었다.

한산도를 지키며 크게 막으니
왜적이 감히 엿보지 못하고
장강과 회하[江淮]를 가로 막음을
오직 그대의 힘만을 믿었었다.[56]

---

54) 九廟 : 天子七廟였는데, 唐朝부터 아홉 사당을 세웠다. "천자의 나라"의 뜻.

55)『李忠武公全書』卷首 教諭 策宣武元勳 教書 "天降割于我邦 予未堪於多難 痛九廟之腥穢 無以擧顔"

56) 위의 책 拙逝後 賜祭文 宣廟朝 "雄據閑山 賊莫敢窺 蔽遮江淮 惟卿是倚 上年之敗 言之痛矣."

갑옷과 투구를 오래 입어 서캐가 스멀스멀 실었고,
장무(瘴霧)와 만연(蠻煙)의 독한 풍토병에 시달리며[57]
보름씩 식은땀 흘리며, 토사곽란 하던 날들에
죽을 뻔한 고비도 그 세월만큼이나 많았으리라.

아! 깊은 밤 지새며 죽음을 무릅씀이여.
손에 침 뱉고 효시를 당겨 달려가니,
그대의 명령 하나에 사기충천해지고
적벽(赤壁) 왜적 없애더니, 동해[靑海]를 열었도다.[58]

그 적벽이 화염에 타고 청해를 밝힐 적에[59]
몸에 적탄 맞자 악물고 뼈를 긁어 파내더니
내장벌이 어두워지자, 바닷물도 목이 메고,
제 몸 바쳐 이렇게 우리나라가 살았도다.

이렇게 살아있도다!
조선이여, 영원하라!

---

57) 위의 책 遣兵曹佐郎勞軍犒饋 敎書 "瘴霧蠻煙多疫疾"
58) 위의 책 拙逝後 賜祭文 宣廟朝 "煙消赤壁 氛豁靑海"
59) 위의 책 溫泉行幸時 賜墓祭文 肅廟朝 "赤壁焰熾 靑海氛豁"

88. 감계(鑑戒), 이 시대에 충무공 정신을!

Ⅰ.

누가 한국을 구원할 사람인가?
한국을 바다의 나라로 일으키는 사람이다.

어떻게 한국을 구원하겠는가?
한국을 바다에 서는 나라로 고쳐 만드는 것이다.[60)]

조선을 국가의 위기 임진왜란에서 누가 구했는가?
바다의 나라[水國]를 만든 리순신 충무공이다.

조선을 어떻게 구했는가?
조선을 수군의 힘으로 함포전으로써 구했다.

바다를 통하여 빛낸 자들은 영광을 누렸으니,
바다는 곧 부흥의 길, 국가발전의 지름길이다.

---

60) 최남선, 「序에 代하야」『韓國海洋史』(해군본부 전사편찬관실, 단기 4287년), p. 41.

II.

먼 훗날 누군가 나의 젊은 시절에
어디서 무엇 했느냐고 묻는다면
북방의 억센 오랑캐를 무찌르는데
목숨 걸었었다고 말하리라!

먼 훗날 누군가 나의 젊은 시절에
어디서 무엇 했느냐고 묻는다면
남해의 수많은 왜적을 무찌르는데
목숨을 걸었었다고 말하리라!

먼 훗날 누군가 나의 젊은 시절에
어디서 무엇 했느냐고 묻는다면
불의에는 당당하게 맞서 싸웠고
정의의 살아있음을 증거하였느니!

먼 훗날 누군가 나의 젊은 시절에
이디시 무잇 했느냐고 묻는나변
조국의 바다를 가슴에 안고
내 젊음을 다 바쳤다고 말하리라!

먼 훗날 누군가 나의 젊은 시절부터
어디서 무엇 했느냐고 묻는다면
사랑도 미움도 외로운 섬처럼
조국을 지키다 죽었노라고 말하리라!

III.

나는,
나라사랑 하나에 몸을 던졌노라!
정의실천 하나에 몸을 던졌노라!
책임완수 하나에 몸을 던졌노라!
창의개척 하나에 몸을 던졌노라!
만사불고일생(萬死不顧一生) 희생
그 하나에 온몸을 뜨겁게 바쳤노라!

IV.

집안이 나쁘다고 탓하지 말라!
나는 역적으로 몰린 몰락한 양반의 가난한 가문에서
태어나 출세 길이 막혀 무인[군인]의 길로 나섰다.

이젠 늦었다거나 머리가 나쁘다고 탓하지 말라!
첫 시험에서 낙방하고 32살의 나이에 급제해도
무적의 〈거북함[龜艦 龜船]〉을 만들었다.

배운 게 없고 힘없다고 자격지심 갖지 말라!
건달이었던 나는 아내의 지혜를 배우면서
현명해지는 법을 배워 〈난중일기〉를 썼다.

직위가 낮다고 불평하지 말라!

나는 최하위 종9품에서 시작하여 죽기까지
22년 동안 21년을 변방 오지와 전쟁터에서 살았다.

미천한 사람들이라고 깔보지 말라!
나는 절종 사삿집 종들이 정철총통[조총]을
만든 재능을 존중했고,
보자기[어부] 사공들이 제 몸 생각지 않고 돌진하며
싸운 공적을 빠짐없이 다 인정해주었어도,
그들에게 감동하여 감격하기에 눈물조차 모자랐었다.

윗사람의 지시이니 어쩔 수 없다고 핑계대지 말라!
나는 직속상관들의 불의를 간하다가
파면과 불이익을 수없이 받았다.

윗사람이 알아주지 않는다고 불평하거나,
결코 불만을 갖지 말라!
나는 임금의 끊임없는 오해와 의심을 받아
모든 공을 빼앗긴 채 옥살이를 하였다.

앞으로 희망이 없다고 함부로 포기하지 말라!
나는 죄 없이 구속되어 여러 차례 고문까지 받아
죽을 고비를 넘기고도 백의종군하였다.

말이 통하지 않는다고 투덜대지 말라!
나는 나를 헐뜯는 원균과도 정보교류를 했으며,
열서너 살짜리 사삿집 종의 말까지도
허투루 듣지 않았으며,

남의 말을 귀담아 들어주며,
부하를 아끼며 섬기는 정성을 다하였다.

몸이 약하다고 고민하지 말라!
나는 왼쪽 어깨에 적탄을 맞아
진물이 줄줄 흘러내려 갑옷을 입지도 못했고,
눈병도 하고 코피도 흘렸으며,
뱃멀미에 시달리면서 평생 동안 풍토병과
전염병과 만성 위장병으로 고통 받았다.

못생겨 외모에 자신 없다고 비관하지 말라!
나는 스트레스를 많이 받아 입술이 말려
위로 걷어 들린[건순(褰脣/乾脣)] 못난 얼굴이었지만,
청렴과 신뢰 속에서 해낼 수 있는 진정한 능력을 키웠다.

기회가 주어지지 않는다고 불평하지 말라!
나는 대간들의 반대로 정읍현감에 그대로 있었으며,
왜적의 침입으로 나라가 더 위태로워지자,
겨우 47살에 해군의 장수 지도자가 되었다.

정부나 조직에서 지원해주지 않는다고 실망하지 말라!
나는 전쟁터에서 빈손으로 돌아온 패잔병
패잔선 13척으로써 왜적선 333척을 물리쳤다.

돈 없다 자본이 없다고 절망하지 말라!
나는 스스로 논밭을 일구며
소금도 구워 군자금을 만들었고,

모두 30번을 싸워 다 이겼다.

오랑캐와 왜적만이 적이라고
전략가인양 함부로 말하지 말라!
나는 유언비어 퍼뜨리거나,
적을 가벼이 여긴 자를 처벌했고,
적에게 한가진들 도움을 주거나,
적을 적이라고 보지 않는 사람을 처형하였다.

가족을 사랑한다는 이유로 자식을
가까이에 두려고 하지 말라!
나는 20살의 막내아들을 왜적의 칼날에 잃었고,
다른 아들들도 전쟁터에서 죽으니 충신이 되었다.

가진 게 없는 부모라고 홀대하지 말라!
나는 홀어머니에게 한번이라도 생신에
축수의 잔을 올리지 않으면 평생의 한으로 여겼으며,
열흘이 멀다하고 안부를 묻고 전했으며,
휴가를 가서는 밤새워 위로의 말씀을 드렸다.

죽음이 두렵다고 말하지 말라!
나는 왜적이 물러가는 마지막 날에도
필사즉생(必死則生)의 자세로 싸워서 이기고,
죽으니, 충무공(忠武公)이 되었다.[61]

---

61) 최두환,『리더십의 발견 충무공 리순신의 횃손』(해군충무공리더십센터, 2007), pp. 417~419. * 1643년(인조 21) 시호 충무 받음.

〈부록〉
충무공 리순신 년표

나이	연 대	주 요 내 용	비 고
1살	1545년	3월 8일(양 4월 28일) 한밤에 서울 마르내골(乾川洞)에서 태어나다.	8월 을사사화 일어남
22살	1566년	10월 무예를 처음 배우다.	
23살	1567년	2월 아들 회를 낳다.	8월 李滉辭職 歸鄕
27살	1571년	2월 아들 울(뒤에 열로 고침)을 낳다.	
28살	1572년	8월 훈련원 병과에 응시하였으나, 불합격하다.	落馬하여 왼발 골절
32살	1576년	2월 식년무과의 병과로 합격하다. 12월 함경도 동구비보(童仇非堡)의 권관(權官:종9품)이 되다.	最初 公職生活
33살	1577년	2월 아들 염(뒤에 면으로 고침)을 낳다	
35살	1579년	2월 훈련원 봉사(奉事:종8品)가 되다. 10월 충청병사의 군관이 되다.	
36살	1580년	6월 전라 고흥 발포의 수군만호(종4품)가 되다.	最初 水軍生活
38살	1582년	1월 군기 경차관 서익의 개인 감정의 날조된 보고로 파면된다(1차). 2월 5일 다시 복직되어 훈련원 봉사가 되다.	李珥 吏曹判書 12월 李珥 兵曹判書
39살	1583년	7월 함경도병사의 군관이 되다. 울기내를 토벌하여 공을 세우다. 11월 훈련원 참군(參軍)으로 승진.	

나이	연 대	주 요 내 용	비 고
		11월 5일 부친 덕연군(德淵君) 별세	
40살	1584년	부친상으로 향리 아산에서 휴관.	1월 李珥 別世
42살	1586년	1월 사복시(거마에 관한 일 맡는 관청)	
		주부(主簿:종6품) 되었다가, 16일 뒤에 함경도	
		조산보만호(造山堡萬戶: 종4품)로 전근.	
43살	1587년	8월 녹둔도(鹿屯島)의 둔전관을 겸함.	
		주르친[女眞]의 기습을 무찔렀으나,	
		병사 리일(李鎰)의 무고로 파직(2차)	
		겨울 시전부락(時錢部落)	
		정벌에 공을 세워 특사되다.	
44살	1588년	윤 6월 귀가하여 지내다.	朝廷의 不次擢用에
45살	1589년	2월 전라순찰사 리광(李洸)의 군관이	2位로 천거되다.
		11월 선전관을 겸하다.	
		12월 정읍현감(종6품)이 되다.	
46살	1590년	7월 고사리진 병마첨절제사로 발령.	
		8월에 절충장군(정3품)으로 승진.	
		다시 만포진첨사로 발령받았으나,	
		대간들의 반대로 정읍현감에 그대로 유임하다	
47살	1591년	2월 진도군수로 발령되었으나,	
		가리포첨사로 발령, 13일에 전라좌수가 되다.	
48살	1592년	4월 12일 거북함을 완성하다.	
		4월 13일 임진왜란이 일어나다.	
		5월 4일 경상도로 출전하다.	
		5월 7일 옥포 · 합포해전,	
		5월 8일 적진포해전	적선 40 여 척 격파
		5월 29일 사천해전,	거북함을 처음 참전
		6월 2일 당포해전,	
		6월 5일 당항포 해전,	
		6월 7일 율포해전, 왼편어깨 총알 맞다.	적선 70 여 척 격파

나이	연 대	주 요 내 용	비 고
		7월 8일 견내량해전,	
		7월 10일 안골포 해전	적선 60 여 척 격파
		9월 1일 부산포 해전	적선 130 여 척 격파
49살	1593년	2월 1~8일 웅포해전	
		7월 15일 본영을 여수에서 한산도로 옮긴다.	
		8월 1일 삼도수군통제사로 임명되어	
		10월 9일 받다	
50살	1594년	3월 4일 당항포해전	적선 30 여 척 격파
		3월 6일 중국 선유도사 담종인의 금토패문에	
		항의하는 글월을 보냄. 9월 29일 장문포의 왜군을	
		곽재우, 김덕령 등과 수륙합동 공격을 하다.	
		10월 1일 영등포 해전	
53살	1597년	2월 26일 서울로 잡혀가다(3차).	2월 28일 원균 통제사
		3월 4일 감옥에서 들어가다.	
		4월 1일 감옥에서 나오다.	
		도원수 권률 아래에서 백의종군.	
		4월 13일 모친상 당하다.	
		7월 23일 통제사로 재임명 되어	7월 16일 칠천량해전
		8월 3일 통제사 교서 받다	원균 장군이 패하다.
		9월 17일 명량대첩	적선 31 척 격파
		10월 14일 아들 면 전사부음듣다	
		10월 29일 보화도에 수군진 설치	
54살	1598년	2월 17일 수군진영을 고금도로 옮기다.	
		7월 16일 중국 수군 진린 도독과	
		연합함대를 편성하다.	10월 8일 柳成龍
		7월 18~26일 질이도 전투	적선 50여척 격파
		11월 19일(양 12월 16일) 오전 10시	領議政 辭職
		노량 · 관음포해전에서 전사하다.	柳成龍 파직되다

참고문헌

단행본(圖書)

『宣祖實錄』.『宣祖修正實錄』.
『燃藜室記述』.
『增補文獻備考』.
李晬光.『芝峰類說』仁祖11年(1633).
李舜臣.『亂中日記』國寶 第76號(顯忠祠 所藏).
李舜臣.『壬辰狀草』國寶 第76號(顯忠祠 所藏).
李重煥.『擇里志』. 朝鮮光文會, 1911.
申 炅.「再造藩邦志」『大東野乘』IX. 서울: 民族文化推進會, 1973.
尹行恁.『李忠武公全書』奎章閣. 乙卯 正祖19年(1795), 成文閣 影印, 1992.
趙慶男.『亂中雜錄』奎章閣. 萬曆戊午年(1618),『大東野乘』권26~34,
　　서울: 民族文化推進會, 1977.

金成榮.『敍事詩 白衣從軍』. 서울: 횃불사, 1978.
金容浩 敍事詩集.『南海讚歌』. 서울: 南光文化社, 1952, 人間社, 1957.
金義煥.『人間 李舜臣』. 서울: 硏文出版社, 1972.
김태준 등 7명.『임진왜란과 한국문학』. 서울: 民音社, 1992.
李殷相.『忠武公의 生涯와 思想』. 서울: 三星文化財團, 1975.
李殷相.『太陽이 비치는 길로』, 서울: 三中堂, 1973.
李章熙.『郭再祐硏究』. 서울: 養英社, 1983.
李在範.『元均正論』. 서울: 啓明社, 1983.
李在範.『원균을 위한 변명』. 서울: 학민사, 1997.
李烱錫.『壬辰戰亂史』上·下. 서울大學校出版部, 1967.
林勇伯.『救國의 化身 忠武公 詩魂 223首』. 여수: 꿈빛출판사, 1992.
박기봉.『충무공 이순신 전서』. 서울: 비봉출판사, 2006.
徐仁漢.『壬辰倭亂史』. 서울: 國防部戰史編纂委員會, 1987.
元仁浩.『元均統制使』. 서울: 도서출판 公開公論社, 1995.
이상개.『詩, 난중일기』. 마산: 도서출판 경남, 2010.
이지우 등 7명.『통영 그리고 이순신의 발자취』. 통영시청, 2009.
정창섭·문학진.『十景圖』. 한국기자협회: 탐구당, 1970.
趙成都.『忠武公의 生涯와 思想』. 서울: 明文堂, 1982.
趙成都.『忠武公 李舜臣』. 서울: 同元社, 1968; 南榮文化社, 1982.
조신호.『충무공 이순신 서사시』. 서울: 북랜드, 2010.

진주국립박물관.『새롭게 다시 보는 임진왜란』. 서울: 삼화출판사, 1999.
진주국립박물관.『싸워 죽기는 쉬워도 길을 빌려주기는 어렵다』. 서울: 혜안, 1999.
최 관.『일본과 임진왜란』. 고려대학교출판부, 2004.
崔斗煥.『강강수월래 연구』. 서울: 학민사, 1997.
崔斗煥.『리더십의 발견: 忠武公 李舜臣의 훾손』. 해군 충무공 리더십센터, 2007.
崔斗煥.『오, 하늘이여! 이 원수를』. 마산: 도서출판 경남, 1998.
崔斗煥.『전설을 낳은 사람 영웅 李舜臣』. 서울: 연경문화사, 1998.
崔斗煥 등 4명.『충무공 리순신』. 서울: 대한출판협회, 1998.
崔斗煥.『忠武公 李舜臣과 미래의 꼬레아』. 마산: 도서출판 경남, 2009.
崔斗煥.『忠武公 李舜臣 全集』4(충무공 리순신의 생애). 서울: 宇石出版社, 1999.
崔斗煥.『忠武公 李舜臣 全集』5(하늘에 맹세하니 강산이 떨고: 충무공의 海洋經營). 서울: 友石出版社, 1999.
崔斗煥.『忠武公 李舜臣 全集』6(원형 거북선과 학익진의 비밀). 서울: 友石出版社, 1999.
崔碩男.『李舜臣과 그들』. 서울: 鳴洋社, 1965.
崔碩男.『救國의 名將 李舜臣』. 서울: 教學社, 1992.
崔碩男.『韓國水軍活動史』. 서울: 鳴洋社, 1965.
최영희.『임진왜란』. 서울: 세종대왕기념사업회, 1974 제1판, 1999 제2판.

논문(論文)

강영오.「李舜臣 苦行과 死生觀」『李舜臣研究論叢』창간호, 순천향대학교 이순신연구소, 2003, pp. 41~60.
김동주.『김용호의 남해찬가 연구』단국대학교교육대학원 석사학위논문, 2002.
金永淑.『忠武公 李舜臣 研究』. 경희대학교대학원 박사학위논문, 1993.
김영치 · 최두환.「亂中日記에 나타난 忠武公 李舜臣의 리더십 特性에 관한 研究」『產業經營』제36집. 경남대학교 산업경영연구소, 2005, pp. 57~94.
金一相.「壬辰倭亂과 李舜臣의 戰略」『趙成都教授華甲紀念 忠武公李舜臣 研究論叢』. 해군사관학교, 1991, pp. 45~147.
金一相.「鳴梁海戰의 戰術的 考察」『壬亂水軍活動研究論叢』. 海軍軍史研究室, 1993, pp. 195~221.
金弘基.「韓國 現代 敍事詩 研究」『한양어문연구』. 한국언어문화학회, 1980, pp. 201~260.
金孝洙.『李舜臣의 리더십에 대한 現代的 照明』. 경희대학교대학원 박사학위논문, 2003.

李敏雄.『壬辰倭亂 海戰史 硏究』. 서울대학교대학원 박사학위논문, 2002.
李載浩.『忠武公誕辰 450周年紀念 學術大講演會 李忠武公의 救國精神』. 溫陽牙山文化祭委員會, 1995.
朴哲光 · 金大中 · 李在範.『李忠武公 精神史 심층연구』. 海軍士官學校 忠武公海戰遺物發掘團, 1996.
박종대 · 리지우 · 최두환 등 10명.『亂中日記 分析을 통한 거북선(龜船) 活動史』. 해군사관학교 충무공해전유물발굴단, 1994.
박태근.「李慶濬 將軍의 統營建設과 唐浦海戰」『統營誕生 400주년 記念史料集』. 統營市, 2004, pp. 15~65.
蘇在英.『壬辰錄 硏究』. 고려대학교대학원 박사학위논문, 1980.
유은정.「이순신의 문학적 형상화 연구-이광수의 이순신과 최인욱의 성웅 이순신을 중심으로」『李舜臣硏究論叢』제9호, 순천향대학교 이순신연구소, 2007, pp. 91~104.
이찬구.「충무공 李舜臣의 陣中 禮思想 고찰」『李舜臣硏究論叢』제9호, 순천향대학교 이순신연구소, 2008.
이학수.「세계해전사 맥락에서 바라본 임진왜란과 이순신」『영호남 임진왜란 연구 세미나』. (사) 21세기 이순신연구회, 2008, pp. 72~92
임원빈.「명량해전 승리요인의 재조명」『세계화시대, 이순신 리더십을 생각한다』. 순천향대학교 이순신연구소, 2008, pp. 83~108.
任元彬.「忠武公 李舜臣의 兵法 硏究」『海洋硏究論叢』제18호. 해군사관학교, 1998.
任元彬.「충무공 이순신의 병법과 근대해전」『海洋硏究論叢』제22호. 해군사관학교, 1999.
任元彬.「충무공 이순신의 용병술 연구」『海洋硏究論叢』제24호. 해군사관학교, 2000, pp. 379~442.
張庚男.『壬辰倭亂 實記文學 硏究』. 숭실대학교대학원 박사학위논문, 1997.
崔斗煥.『거북선 논문집』. 해군교육사령부 충무공수련원, 2001.
崔斗煥.「충무공 리순신의 文과 藝 ― 난중일기의 문학적 가치평가」『진해문화』제6집, 진해문화원, 2008, pp. 40~57.
최영호.「한국문학 속에 나타난 이순신」『李舜臣硏究論叢』제5호. 순천향대학교 이순신연구소, 2003, pp. 95~112.
崔永禧.「壬辰倭亂에 대한 理解의 問題點」『韓國史論』22 ― 壬辰倭亂의 再照明. 서울: 國史編纂委員會, 1992.
황정덕.「일본인이 이순신을 보는 눈」『李舜臣硏究論叢』제6호. 순천향대학교 이순신연구소, 2004, pp. 173~196.

번역문헌(飜譯文獻)

金文淑 譯.『히데요시가 이기지 못하는 조선무장』. 부산: 도서출판 신안, 1997.
南晩星 譯.『芝峰類說』. 서울: 景仁文化社, 1998 3쇄.
南晩星 譯.『懲毖錄』. 서울: 玄岩社, 1973.
李錫浩 등 6명 譯.『국역 대동야승IX』「재조번방지」. 서울: 민족문화추진회, 1973.
李殷相 譯.『완역 난중일기』. 서울: 玄岩社, 1968.
李殷相 譯.『完譯 李忠武公全書』. 서울: 忠武社, 檀紀 4293/ 成文閣, 1989.
辛鎬烈 譯.『遞菴 羅大用將軍 實記』. 서울: 遞菴 羅大用將軍記念事業會, 1976.
趙成都 譯.『임진장초』. 서울: 同元社, 1973; 연경문화사, 1984.
崔斗煥 譯註.『새 번역 난중일기』. 서울: 학민사, 1996.
崔斗煥 譯註.『새 번역 초서체 난중일기』. 해군사관학교, 1997.
崔斗煥 譯註解.『忠武公 李舜臣 將軍의 完譯 亂中日記』. 해군사관학교, 1994.
崔斗煥 譯註.『忠武公 李舜臣 全集』1(완역 초서체 진중일기). 서울: 友石出版社, 1999.
崔斗煥 譯註.『忠武公 李舜臣 全集』3(완역 임진장초). 서울: 友石出版社, 1999.

외국문헌(外國文獻)

劉慶.「明軍第二次出兵與四路進攻作戰」『韓中國際學術討會 壬辰抗倭戰爭期朝明聯合作戰』. 서울: 國防部軍史編纂研究所, 2006, pp. 75~84.
楊通方.「壬辰·丁酉再亂時 明軍的役割」『國際海洋力 심포지움 發表文集 — 壬辰倭亂과 海洋力』. 大韓民國海軍海洋研究所, 1991. pp. 113~126.
韋旭昇.『抗倭演義(壬辰錄)研究』. 中國: 北嶽文藝出版社, 1989, 서울: 亞細亞文化社, 1990.

旧參謀本部.『朝鮮の役 — 日本の戰史』⑤. 東京: 德間書店, 昭和40年(1935).
貫井正之.『秀吉と戰つた朝鮮武將』. 日本: 六興出版, 1992.
北島万次 譯註, 李舜臣著.『亂中日記』(全3册). 東京: 平凡社, 2000.
司馬遼太郎.『坂の上の雲』. 東京: 文藝春秋, 昭和47年(1972).
有馬成甫.『朝鮮役水軍史』. 東京: 海と空社, 昭和17年(1942).
佐藤鋕太郎.『帝國國防史論』上 · 下. 日本: 原書房, 昭和54年(1979).
片野次雄.『李舜臣と秀吉』. 東京: 誠文堂, 1986.

최두환 저자 소개

법명 : 도륜(道輪)

아호 : 자은(自隱) 불야후(不夜侯) 백락(白樂)

1947년 경남 창원 남산에서 출생하였으며 가난한 농부의 아들, 젊어서는 군인이었고, 나이들면서 학자가 되었다. 마산고등학교와 해군사관학교, 해군대학, 경남대학교 대학원(경영학 박사)을 졸업하였고, 국립 경상대학교 대학원(박사과정 동양사 전공)을 수료하였다. 경영학(리더십)과 한국사 동양사의 연구와 더불어 《한맥문학》에 시 〈7년만의 사랑〉이 당선되어 '시인'으로 데뷔하였다.

주요 번역 및 저서로는 《새 번역 난중일기》(1996), 《새 번역 초서체 난중일기》(1997), 《완역 임진장초》(1999), 《리더십의 발견 충무공 리순신의 횃손》(2007), 《강강수월래 연구》(1997), 《충무공 리순신》(1998)이 있고, 아시아=조선의 패러다임에서 《대동여지도에서 낙타전쟁》(2003), 《토산물로 본 조선》(2006), 《프랑스 신부가 쓴 중국대륙의 조선왕국 조선통사》(2007), 《충무공 리순신, 대한민국에 告함》(2008), 《충무공 李舜臣 그리고 미래의 꼬레아》(2009) 등이 있고, 논문으로는 문학분야에 〈난중일기의 문학적 가치 평가〉

(1996), 〈충무공 리순신의 文과 藝〉(2008), 〈리순신이 싸운 그 바다〉(2009) 등이 있다.

《충무공 리순신 전집》(1999)을 펴내 '제40회 백상출판문화상' 을 받았고, 《충무공 명언집 : 죽고자 하면 살리라》(1998)를 펴내 '청소년 권장도서' 에, 《새롭게 고쳐 쓴 하멜 표류기》(2003)를 번역하여 '기관 추천도서' 에 선정되었고, 李忠武公宣揚會에서 제1회 '충무공 선양 대상' (1994)을 받았고, 경상남도의 제1회 '충무공 리순신 대상' 단체상(2010)을 받은 중심에 있었고, '대통령 표창' 과 '보국훈장 삼일장' 을 받았다.

한국저작권협회 회원, 한맥문학회원, 한국문학방송문인회원, 한국현대시문학연구소회원, 문학세계회원, 작은문학회원, 진해문인협회 회원으로서 시작 활동을 하고 있다.

최두환 저자 프로필

1947년 경남 창원 출생, 마산고, 해군사관학교와 해군대학, 경남대 대학원(경영학박사) 졸업하고, 국립 경상대 대학원(박사과정 동양사전공) 수료하였으며, 창원함장, 경남함장, 항만방어전대장, 22상륙전대 선임참모, 21전투전대 작전참모, 전투발전단교리연구처장, 해군대학 지휘통솔교관, 충무공해전유물발굴단 관리부장을 역임하는 등 해군에서 31년을 복무하고 전역한 뒤에 해군교수로 임용되어 충무공수련원 연구실장과 충무공리더십센터 교수를 거쳐 현재 충무공연구담당관으로 재직 하고있다.

수상

백상출판문화상(충무공 리순신 전집), 청소년 추천도서 선정(죽고자 하면 살리라), 기관 추천도서 선정(하멜표류기), 국방부장관 표창 3회, 보국훈장 삼일장 및 대통령 표창 리충무공선양회 대상을 각 1회 받았다.

서사시

성웅 그리고 인간 충무공 리순신(Lee Sunseen)

2010년 11월 22일 발행
2010년 11월 24일 1쇄

지 은 이 / 최 두 환
펴 낸 이 / 윤 현 호
펴 낸 곳 / 뿌리출판사
홈페이지 / www.rootgo.com
E-mail / rootgo@dreamwiz.com / bp1115@naver.com
주 소 / 서울시 성동구 성수 2가 3동 317-10 우편번호 / 133-835
전 화 / (代)2247-1115, 466-4516, 팩 스 / 466-4517
출판등록 / 서울시 등록(카) 제 1-551호 1987.11.23.

값 / 10,000원
ISBN 978-89-85622-73-8-03810